LOCUS

LOCUS

LOCUS

LOCUS

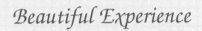

Beautiful Experience

tone 18　日本・美の遠足

作者：蒼井夏樹
責任編輯：李惠貞
美術編輯：謝富智
法律顧問：全理法律事務所董安丹律師
出版者：大塊文化出版股份有限公司
台北市105南京東路四段25號11樓
www.locuspublishing.com
讀者服務專線：0800-006689
TEL：(02) 87123898　FAX：(02) 87123897
郵撥帳號：18955675
戶名：大塊文化出版股份有限公司
版權所有　翻印必究

總經銷：大和書報圖書股份有限公司
地址：台北縣五股工業區五工五路2號
TEL：(02) 89902588 (代表號)
FAX：(02) 22901658
製版：瑞豐實業股份有限公司
初版一刷：2008年8月
定價：新台幣380元

Printed in Taiwan

さんぽにいこう

日本・美の遠足

蒼井夏樹　著

─目錄─

一起去遠足吧!

冬天想念夏天
花見等待花雨

聆聽瀨戶內海心跳
發現搖曳鈴蘭繽紛

左腦攻打右腦
森林遇見莫內

已知與未知
追尋與仰望

寺山修司的青春短歌
宮澤賢治的銀河鐵道

江戶下町散步
尋找小津身影

學習如何學習
學習如何感受

閱遊的不可思議
探索的美麗可能

天光 稜線 人間味

夕陽的風
仲夏的夢

カメラ日和　一起去遠足吧!

美的學習

土曜日午后，NHK教育台「Top Runner」，正在播出年輕女攝影師梅佳代專訪。才剛滿26歲的她，擅長抓住生活中的利那，翻開她的攝影集，讓人會心一笑，簡單而有趣。

2007年，梅佳代以〈うめめ〉獲得由朝日新聞社主辦、有「攝影界芥川賞」之稱的「木村伊兵衛写眞賞」。跳躍幽默的傻眼鏡頭，令人莞爾的生活片段，去年在書店暢銷書排行榜中，前十名竟然有三本都是她的攝影集。

仔細看看她的作品，就是「有趣的瞬間」，不做作、很隨性按下快門的感覺。正如她其中的一本書名《Today's Happening》，很自然、很「眞」。

記得在實踐大學教書的時候，每學期我會挑選一位藝術家作品介紹，同時播放紀錄片和學生欣賞討論。每回上課和學生在燈光全暗、黑漆漆教室裡屏息觀看的當下，心中滿滿感動，至今仍然記憶猶新。

尤其，我在文化大學推廣教育部初爲人師時，古靈精怪的第一期「創意行銷」班學生們，更是讓我印象深刻。有一堂自由聯想的腦力激盪課，我們聊「夢想」，這群隨性塗鴉、開心作畫的大孩子們，讓我相信一夕成名的攝影師梅佳代，其實和她們一樣：做自己開心的事。逗趣可愛，眞情流露，所以讀者覺得有共鳴。

用心生活，你會發現許多動人的創作題材。

美可以是現在進行式，也可以是曾經的過去完成式。

一首音樂，一張剪影，一個記憶，或者一棟老房子。

書寫這本書，是想紀錄在日本學習生活中許多「美」的瞬間。

在前往直島的小汽船上第一次看見水母；單槍匹馬參加「感性工學國際研討會」，代表早稻田大學院發表論文；第一次試做舞茸和風炊飯，打開鍋蓋時難忘的撲鼻香氣；初訪貝聿銘建築大師的MIHO山中美術館的驚艷……等等。

這本書，希望邀請你開始出發去探索。由衷地期盼「美的學習」，不再是艱澀難懂、距離遙遠的一件事。

來到日本這幾年，因爲研究論文主題需要，上山下海，四處作田野調查訪問，因此有機會從北到南走訪日本各地，而不是僅有「東京觀點」的片面觀察。

左腦計算感性工學論文數字，右腦重溫每一次遠足的氣味感動。每一次遇見，都帶給我一些學習與思考的機會。旅行中總會遇到預期以外的事，人生似乎也是一樣的。

感謝指導教授和多田淳三教授，帶領我探索感性工學的研究方向。也要深深感謝實踐大學前研發長盧鴻鋆教授和師母，一路上的教學建議與研究指導。

同時感謝二姊和二姊夫，庭仔和欣穎，在我赴日進修期間，溫暖貼心的幫忙。還有好友福田久子和久子先生福田克也的協助、惠子的建議，使得這次旅行採訪，得以順利完成。

尤其特別感謝主編惠貞、美術設計富智的創意用心，讓我們一起把想像成爲可能。

最近，正在閱讀設計師原研哉的一本新書《白》。

因爲對「白」這個概念很有感覺，他希望讀者可以看到更多純淨的事物，精煉五感力。因此，我也誠摯地邀請每一位打開這本書的讀者，爲你的生活留白，喚醒沉睡的每一個細胞，恣意地呼吸當下的美好一瞬間。

黃昏時分，緩緩走在小金井公園，聽著山口百惠昭和老歌〈いい日旅立ち〉（出發好日子），這是她1980年急流引退時，演唱的最後一首告別歌曲。

日本‧美の遠足，現在出發！

東京
Tokyo

Chapter 1
都市詩華

人生不如波特萊爾的一行詩。

——芥川龍之介

半世紀・銀座一瞬間

ぎんざ

攝氏三度，再一次抵達成田機場。坐上Narita Express ，窗外很冷，但心底很溫暖。每次回到東京，我都會告訴自己，一定要好好珍惜難得的學習機會。

這次回台北過年，除了和許久沒有聯絡的好友聚聚，還有和創意講座的新朋友、老朋友聊聊東京的觀察心得，也很高興有機會和用心學習的愛書人相遇。

再次回到東京，我想帶你一起去看看璀璨華麗的銀座公共藝術展。

銀座，每一條街道都有獨特的歷史與風情。

進駐時尚高雅的銀座大通，是日本許多商社企業家的夢想，不少文人雅士也對銀座情有獨鍾。

銀座的名稱原自江戶時代初期，1612年，銀幣鑄造所由駿府（今日靜岡市）遷至江戶（今日東京）現銀座之地，因此被命名爲銀座。明治5年（1872年），東京發生大火，銀座幾乎全毀，但危機正是轉機，災後東京府決定用耐火的煉瓦造街。由英國建築師Thomas Waters設計、明治10年（1878年）重建後的銀座，選擇兩層煉瓦建築物、煤氣燈、銀座柳，讓銀座通成爲當時日本西化的重要指標。

2006年一場全世界首度舉辦的戶外陶瓷攝影展——「半世紀‧銀座一瞬間」
（GINZA PHOTOGRAMM），就在引領世界潮流的銀座展出，是日本向世界
宣揚其精緻工藝與影像美學的一次絕佳典範。

這項創新的公共藝術展，以「銀座中央通」為攝影作品的街道藝廊，由日本
INAX贊助，展出作品使用日本精密的陶瓷技術，以細膩的轉印技術，將攝影作
品呈現在瓷磚介面上。日本傲人的陶瓷工藝，讓每一幅攝影作品都能完美地在戶
外的自然光下呈現，讓世人感受戶外藝廊的「銀座一瞬間」。

從清晨到黃昏，光的厚度、光的色溫，讓鏡頭下的東京，有千變萬化的姿彩。

14

現場展出的攝影作品，由世界知名的馬格蘭攝影通訊社（Magnum Photos）東京分社協助，邀請伊藤俊治、高野秀士、小川潤子等大師，從眾多作品中精選出三十五幅。這些作品來自世界二十八位重量級攝影大師，如：Henry Cartier-Bresson、Robert Capa、保田博二、指山雅美……等等。這些赫赫有名的攝影師，半世紀以來，各自以獨特的觀點，捕捉鏡頭下的東京風景。

此外，展覽期間還在銀座通的步道上裝設了特製的作品展台，並在銀座通及晴海通的路燈上，飄揚著日本獨特的、高難度技術製作而成的雙面熱轉印刷攝影布旗。

遊客在展覽期間如果想對這些作品再多些了解，可以使用www.ginza.jp 銀座情報資訊網的特殊功能，以手機、展示台IC reader，QR碼（Quick Response）來查詢參展攝影師詳細的側寫資訊，更深入地賞析每一幅攝影作品。

這場在具有歷史的銀座大通上舉辦的街道攝影展，讓藝術和人們更親近。

攝影師 Werner Bischof，瑞士，1916年生　作品〈銀座街頭〉，攝於1951年

攝影師 Henri Cartier-Bresson，美國，1908年生　作品〈東京〉，攝於1965年

攝影師 Rene Burri，瑞士，1933年生　作品〈鎌倉火車戀人〉，攝於1961年

攝影師 Bruno Barbey，法國，1941年生　作品〈東京的寺廟〉，攝於1965年

銀座潮流建築 Ginza New Spots

亞曼尼‧銀座塔Armani / Ginza Tower

銀座一向是時尚品牌爭奇鬥艷引領風潮的重鎮。最近，亞曼尼設於銀座的旗艦大樓剛開幕，這棟地下二層、地上十一層的「Armani Ginza Tower」儼然已成為銀座最搶眼的新地標，也是Armani品牌進入日本市場20週年的紀念建築。

銀座塔由設計師亞曼尼和建築師Doriana、 Massimiliano Fuksas合作，內部除了Giorgio Armani、Emporio Armani服飾之外，還有Armani Ristorante餐廳、Armani Café、Armani Casa家居，以及全球第一間亞曼尼spa等等。

全黑的大樓牆身，一如Armani的安靜低調。黑色背景上有數條非平行的金色線條，由一樓展延到頂樓，帶著些許恣意傾斜。這些金色的線條上，參雜著一些松子狀的點，方向左右不一，點尖皆斜指向下——到對街一望，立即恍然大悟，原來是一株株竹子的意象，蘊含著靜謐的東方意涵。

隨著天光雲影的變化，每到夜晚，玻璃反射若隱若現，整棟樓如水墨畫的背景頓時將竹林光影映照出來。金色的竹葉本身是一盞盞的燈，也隨著夜色來臨慢慢地轉黃變紅。

銀座 · 施華洛世奇水晶瀑布 Jewel Box · Ginza

不久前在銀座亮麗開幕的日本第一間施華洛世奇旗艦店,特別邀請名設計師吉岡德仁量身打造,將晶瑩剔透的水晶與亮麗的金屬不銹鋼材質巧妙結合。

歡迎賓客的水晶地板,製作時已先將水晶鑲嵌在內。樓梯踏板的每一片玻璃下也有水晶,並設計有LED光纖科技照明,因此來賓可以踏著晶亮透白的光階走上二樓。

「水晶瀑布」內部的藝術品,令人目不暇給。垂直排列的圓柱形水晶,由屋頂直落到地上之後散開,就像千丈瀑布從高空傾瀉而下,飛濺無數晶瑩剔透的水珠。

而從樓梯間抬頭仰望，則可以看到「冰的樹枝」：就像是冬天裡的枯枝，經過一整晚的霜吹雪襲，被雪花細細包覆，然而這裡的水晶樹枝，更多了一份晶亮光彩。

走上二樓，使用了兩萬多顆水晶的作品「流星」，每一顆都各自獨立地以細線懸掛在天花板上，彼此緊密而整齊地排列在一起。由於每條線的長度不盡相同，因此造成左右遠近懸垂的水晶群高低不等，就像是一大群繁密的流星在眼前凝結。此外，展示間的一角擺放著由一萬多粒的小水晶粒嵌成的閃亮沙發椅，讓人忍不住試坐，感受一下小小的奢華。

施華洛世奇這間銀座的旗艦店，內部裝潢以白色、透明、水晶光芒為主調，據說使用了三噸水晶才得以完成，實現了吉岡德仁設計師「水晶森林」的設計概念。

下次有機會來到銀座，記得駐足留意東京街頭的精采演出，以及安靜卻難掩高調的奢華設計。

一延伸閱讀一

亞曼尼・銀座塔Armani Ginza Tower
http://www.armaniginzatower.com/jp
地址：東京都中央區銀座5-5-4
電話：03-6274-7000

銀座・施華洛世奇Jewel Box・Ginza
http://asia.swarovski.com/japan/htm/
地址：東京都中央區銀座8-9-15
電話：03-3289-3700

馬格蘭攝影通訊社Magnum Photos http://www.magnumphotos.com/

對於「老東西」，我總是無可救藥地著迷。

舊招牌、老電影、古暖簾，那些時間緩緩留下的痕跡，不知不覺引人注視的寧靜況味，總是讓人覺得意猶未盡。我常常從這些老東西中，發現許多新靈感。

2000年離開博報堂，成立自己的設計公司「サムライ」（Samurai武士），日本當紅設計師佐藤可士和，作品橫跨商品設計、包裝設計與室內設計，Kirin極生啤酒系列、UNIQLO旗艦店設計、國立新美術館視覺設計等，都出自他的創意。最近，他出版了一本《佐藤可士和の超整理術》，提出三個層次的整理術：（1）空間的整理；（2）情報的整理；（3）思考的整理。

其中，我認爲最珍貴的在於「思考」的整理——將資訊轉化成創意，以消費者的語言溝通。對於需要源源不絕創意的企劃人而言，從「老東西」下手深究，我覺得也是一種情報整理的活用術，有時候會因此挖掘出意想不到的寶藏。

如果你來過東京很多次，建議你除了逛藥妝店、買電器之外，可以嘗試走不同的懷舊路徑，探訪東京的身世歷史。

東京，明治時代以前稱江戶。1948年江戶城築起。「江戶」是「河口」的意思，指的是隅田川流入當時的江戶灣（今日的東京灣）：德川家康在關原之戰勝利後，開始了江戶時代的德川幕府。

日本橋（にほんばし）是橫跨日本橋川的一條木橋，在江戶時期是陸路和水路的重要轉運站。德川幕府以江戶城爲經濟和文化中心，聚集全國來來往往的旅客。日本橋地區的發展變遷，是江戶時代的象徵，三百年來，看盡江戶城繁華興衰。

1603年，第一代日本橋完成，這是江戶時代德川家康建城五街道計畫的基點，也是今日東京都道路的起點，現在還設有「日本國道路元標」的青銅標誌。橋上的橋銘，是由幕府15代將軍德川慶喜題字。後來經過大火及多次重建，現在的日本橋是第19代。明治44年（1911年）興建的石造拱橋，被指定爲重要文化財。

日本橋結合了明治時期的土木家、建築家及雕刻家的智慧與技術，建造了一座「和漢洋」融和的文藝復興二連拱橋，橋上的麒麟青銅柱，則是爲東京的繁榮祈福。

由日本橋保存事務局策劃的「日本橋街道藝術Street Art」，展示了昭和時期畫家永井保先生的日本橋隨筆繪文。來往路過日本最古老的百貨店三越前地下鐵長廊的人們，可以停下匆匆腳步，欣賞一下東京今昔之比，還有令人懷念的荒川都電走過人形町水天宮前的風景。

與銀座相鄰的日本橋地區，有許多歷史建築和傳統百年老鋪。日本橋三越本店的前身是富商三井高利於1683年創業的吳服店「越後屋」，這是日本第一家百貨店。當時的吳服十分昂貴，只有名門淑媛才消費得起。現在的三越日本橋總店，每天有三個不同的時段，會響起管風琴演奏的美妙樂音。同時店內還保存著當初設計建造的電梯。這棟最古老的百貨公司，在平成11年（1999年）被選定為東京都歷史建築物。另一棟歷史建築——高島屋百貨日本橋店，也保存著當初設計建造的電梯。

對街的山本海苔店，1849年創業；不遠處榮太樓總本鋪的黑蜜鰻頭和榮太樓飴，是和菓子百年老店；元祿三年創業的山本山茶鋪本店則是玉の露第一家創始店；至於皇室愛用老店——創業至今已有200年歷史的和紙老鋪榛原，還提供見學造紙課程。

如果你對日本美術史特別有興趣，收藏豐富的三井紀念美術館是很好的觀光選擇。上回造訪時，館內展出室町時代茶聖千利休的最愛——由銘俊寬長次郎手工燒製的黑樂茶碗，讓我大飽眼福。創業43年的「おぐ羅」椎茸關東煮，湯鮮味美，也值得品嚐。此外，這裡有一家收藏超過3000件的風箏博物館，位在洋蔥蛋包飯很好吃的「たいめいけん」西餐老店5樓。散散步、賞玩賞玩、逛逛江戶老鋪，能夠溫暖旅人的心。

日本都市史專家內藤昌在《江戶町》一書中提到：「1590年，德川家康進入江戶時，正式開始江戶的大建設。江戶各行各業的職人，如泥水匠、榻榻米師傅、染坊師傅、油漆師傅、鍛造匠等，其精湛手藝也為日本現代化之後的製造業奠定良好的基礎。此外，江戶時代也孕育了許多庶民文化，例如歌舞伎、版畫浮世繪等等。」

走一趟日本橋，打開江戶歷史課本，濃濃的懷舊氣息，可以讓你品味江戶の「粹」。

除了路地裡的百年老舖之外，這裡還有許多歷史建築值得一遊。

東京最昂貴的地段「銀座」，大家都很熟悉，而「銀座」是德川幕府銀幣鑄造所。

既然有「銀座」的話，那是否有「金座」呢？

有的！「金座」就是德川幕府金幣鑄造所在地，距離「銀座」不遠，是日本銀行現址。

建造於明治29年的日本銀行本館，是日本的中央銀行。這棟巴洛克式石造建築是一座歷史古蹟，由日本第一位建築師辰野金吾博士所設計。兩國的國技館，也是由辰野金吾博士設計。平日戒備深嚴的日銀，並不對外開放採訪，這一次非常感謝日銀的協助，很幸運地可以進入參觀見學。

左下圖：辰野金吾是日本明治時期第一代建築家的代表人物。取材協力・圖片提供：日本銀行

右上圖：日本銀行本館是一棟結合新巴洛克風格，以及文藝復興時期風格的石造建築。

右下圖：一樓外牆是花崗岩，二、三樓則是安山岩。經過圓拱形門，進入內庭，沈穩而不呆板。

辰野金吾建築師是明治時期第一代建築家的代表人物，也是日本西式建築師的先驅，他創造的所謂「自由古典風格」，也有人稱爲「辰野風格」。佔地2500坪的紅磚瓦東京車站，是辰野最大型代表作，仿阿姆斯特丹中央車站。他師承日本建築教育的鼻祖──東京帝國大學建築系第一任英國教授Josiah Conder，其後曾留學英國。到世界各國考察之後，他以比利時中央銀行爲藍本，結合新巴洛克風格，以及文藝復興時期的西洋建築，設計了日銀本館。

日銀本館是一棟地上三層、地下一層的石造建築。一樓外牆是花崗岩，二、三樓則是安山岩。經過圓拱形門，進入內庭，此處地面石板排列轉了45度角，讓拼接線條呈叉形網狀，而非十字形，沈穩而不呆板。這裡有一個古老的銅器出水設備，還有個獅頭的造形，原來這是當時馬車飲水的地方。轉開一旁的小旋紐，獅子張開的口中就會流出水來，落到下方的小接口，方便馬兒就著喝水。

取材協力・圖片提供：日本銀行

日本橋是今日東京都道路的起點，現在還設有「日本國道路元標」的青銅標誌。

走出日本銀行本館，還可以散步到對街參觀「日本銀行貨幣博物館」，順道了解日本貨幣的歷史故事，挺有意思。

江戶時代的日本橋曾經風華一時，卻在1964年為迎接東京奧運會，在曾經花木扶疏、潺潺水流的日本橋上，架設了一座六條車道的鋼筋水泥高架橋，從此日本橋風采大大消減。不過，最近日本橋居民提出遷移高架橋構想，想要恢復舊有景觀，未來也許有機會重新看見日本橋湛藍的天空。

此外，近年來日本橋的地域振興，由「日本橋保存會」和「日本橋法人會」積極規劃「日本橋地域文藝復興100年計畫委員會」。2004年，COREDO開幕（COREDO是取自英文「CORE」〔核心〕之意，再加上江戶「EDO」，所創造的新概念），對街超高新大樓「三井 Tower」，為傳統地域注入國際感豐富的表情。日本橋未來的樣貌，仍在持續進行塑造中。

延
伸
閱
讀

日本三井紀念美術館 http://www.mitsui-museum.jp/
交通資訊：銀座線、半藏門線「三越前」站下車，步行3分鐘
地址：東京都中央區日本橋室町2-1-1 三井本館7樓
電話：03-5777-8600

日本銀行 http://www.boj.or.jp
交通資訊：銀座線、半藏門線「三越前」站下車，步行5分鐘
本店見學：一週前電話預約制。
地址：東京都中央區日本橋本石町2-1-1
電話：03-3277-2815

榛原和紙 http://www.haibara.co.jp/
山本山茶舖 http://www.yamamotoyama.co.jp/main.html
風箏博物館 http://www.taimeiken.co.jp/museum.html

療癒系都市・豊洲
とよす

八月的東京灣，海天一色，遼闊壯麗，搭乘無人控制的百合海鷗號，前往臨海副都心——豊洲。百合海鷗號忽地爬升，將海平面遠遠拋在下方，凌空迴轉二百七十度，展翅翱翔，滿載人類對美好生活的嚮往。

豊洲（とよす）對許多讀者而言，應該有些陌生。

其實，豊洲位於東京新交通臨海線百合海鷗號（ゆりかもめ）的最後一站。這條以電腦控制、無人駕駛的輕軌電聯車，是東京都第一次長期計畫中的計畫事業之一。1995年開通時，只有新橋站到有明站，2006年才全線開通，由新橋出發到終點站豊洲，全長14.7公里。

曾經搭乘百合海鷗號的讀者，也許會注意到百合海鷗號的手繪Logo——以freehand繪製的CIS識別系統。Logo的設計概念來自於「都民的鳥」——海鷗，在臨海副都心沿線經常可以發現海鷗飛翔的身影。這個創意概念設計，非常有親和力，而海鷗左下角的太陽，則代表對未來的夢想與期待。

百合海鷗號賞心悅目的symbol mark，讓冰冷車身有了溫度與人性；旅客搭上電車，立刻就可以擁有快樂的心情，興奮地迎接東京灣的壯麗風景。尤其，自2006年延伸到豐洲全線開通之後，百合海鷗號的每一個車站都裝設了音聲案內裝置（Voice Guide Device）──每個車站邀請一位聲優為站內地圖、洗手間及售票機配音；例如：新橋站為淺野真澄、台場站則為森川智之……等等。此外，在樓梯上下入口、售票處、洗手間和地圖資訊附近，還有「海鷗音聲」提醒行動不方便的旅客行走階梯。這個別出心裁的細膩設計，是日本交通系統的創新做法。

根據資料統計，平均一天搭乘海鷗號的旅客約為92,000人次。大多數搭乘百合海鷗號的遊客會到年輕人青睞的台場海濱公園、富士電視台附近購物散步，遠眺浪漫美麗的彩虹大橋。然而，位於終點站的豐洲要如何吸引旅客造訪呢？

由三井不動產開發的豐洲拉拉港灣「Urban Duck－ LaLaPort Toyosu」，是2006年10月甫開幕的人氣新景點，匯集了近200家商店、美食餐廳的臨海休閒廣場。最近讓日本家長們興奮的兒童體驗主題樂園KidZania，也在豐洲歡迎小朋友。KidZania有實物實景可以讓小朋友體驗70 種真實人生的職業，是結合「遊戲」與「學習」的有趣設計，可以讓小小主人翁培養對未來的責任感。

還有，號稱擁有全日本最大螢幕及演唱會等級音響設備的豐洲影城 （United Cinemas）也在此設立，這個電影院是由設計師鄭秀和規劃設計，原本可以放置2500個座位的空間，卻僅僅設計了1777個座位，因此十分寬敞，其中還有68個「情侶席」。尤其有趣的是，因應日本寵物熱風潮，拉拉港灣規劃了東京都內最大的狗狗散步公園（Dog Run），主人可以帶著心愛的狗狗來此玩耍嬉戲，還貼心地設計了配合狗狗高度、寵物專用的飲水機設備，真是無微不至。

豐洲拉拉港灣前身本來是一座造船廠（舊石川島播磨重工業），建商規劃豐洲東京灣都市碼頭時，刻意將造船用的巨型手臂及當時的造船機具零件保留下來，並以公共藝術作品呈現在豐洲拉拉港灣附近的散步道和海濱公園。於是，豐洲獨特公共空間，與所在東京灣海景相互連結，巧妙輝映，成為一個環境與歷史和諧相處的範例。

這塊東京灣新開發的海埔新生地，還規劃了一系列戶外空間與休憩座椅，豐洲居民和旅客可以自由自在地在這裡散步，因此曾被媒體稱為「療癒系都市」。面向海岸的廣場，有非平面式的波浪步道設計，高低起伏的新鮮創意，讓前來遊玩的旅客體驗到港灣的獨特風味。

一條條平行的白線，宛如在海面上拍打行進的白色海浪；而圍繞著樹木設計的圓形行人座椅，就像是一顆顆白色的QQ軟糖，一團團的棉花，好似將融化的冬雪，也像是岸邊飛濺的白色浪花，在空中瞬間凝結成各式飽滿的浪點並在最高點放大。此外，公園裡的幾棵小樹叢，則如同是在海浪上的幾棵小海草，視覺上非常新鮮。

遠眺東京灣對岸，可以看到海風流動下的城市高樓。在斜向遼闊海面的草坡上，一座座面向海景、標著號碼的白色大地休閒躺椅，就像是預先準備好的對號觀眾席，遊客可以恣意地在此享受天然美景，靜靜地呼吸一整天的快樂時光。

天光、城市稜線、隱約波光，讓素昧平生的東京人，也藉著散步溜狗而彼此相遇。

都市詩學

—延伸閱讀—

百合海鷗號 http://www.yurikamome.co.jp/outline/cor.php
東京豐洲1-3丁目整備發展計畫 http://www.toshikei.metro.tokyo.jp/kanko/toyosu/

LaLaPort Toyosu http://toyosu.lalaport.jp/
地址：東京都江東區豐洲2-4-9
交通：百合海鷗號（ゆりかもめ）豐洲站 北口・有樂町線 豐洲站7番出口

上野・藝術散步

四月・春爛漫，遊客如織的上野恩賜公園。

遠遠地看見好友理惠子。好久不見的我們，轉個彎，避開假日公園裡的人潮。
這一天，我們準備參觀東京藝術大學美術館的包浩斯設計展（BAUHAUS
experience, dessau），並且悠閒地來趟上野藝術散步。

建議讀者，如果已經參觀過上野公園熱鬧的觀光景點，可以選擇遠離人潮的方向、遠離不忍池、遠離上野車站公園口，你會發現另一大片藝術森林、人文薈萃的好去處。這裡非常值得駐足欣賞，肯定能擁有豐富愉悅的一整天。

上野恩賜公園是東京第一個公園，占地約53萬平方公尺。由於土地是由大正天皇授與東京市建立公園，故名為「恩賜」。這裡曾是江戶時代的商業和文化中心，除了有許多明治維新時期的歷史古蹟，明治時期山手線的上野車站啟用後，更成為當時東京前往日本東北地方的交通起點。以上野公園為中心的上野，提供市民眾多良好的文化設施與環境綠地。如果想要感受一下東京市民生活的片段，記得造訪園內一株日本最古老的大松樹。

如果希望避開擁擠人潮，可以規劃一趟別出心裁的建築散步之旅：造訪明治時期建築師久留正道的「舊東京音樂學校奏樂堂」、谷口吉生設計的「東京國立博物館－法隆寺寶物館」、六角鬼丈設計監修的「東京藝術大學・美術館」，還有法國建築大師科比意在東亞唯一的建築「國立西洋美術館」。以下就分別介紹這些藝術建築景點：

舊東京音樂學校奏樂堂

一個暖和的週末，我和我的俳句老師小金井先生一起前往「舊東京音樂學校奏樂堂」，聆聽一場感人的市民音樂會。這天的演出者大多是白髮蒼蒼的熟齡市民，他們陶醉在大提琴浪漫音符中的神韻，讓人十分動容。當時，我心想：如果在台北市文化古蹟的一隅，也可以舉行這樣一場動人的市民音樂會，該是多麼的美好！

古樸典雅的舊東京音樂學校奏樂堂，建造於明治時期（1890年），由建築師久留正道設計，是日本最古老的西洋式木造建築，至今已有超過百年歷史。土棕色的外觀，高度只有二層樓，幾棵欅木幽靜地佇立在素雅的大門口。

我們推開細細欄杆外籬一旁的外門口，緩緩進入奏樂堂內，經過小小曲徑，由側面走入建物本體的正門入口。門口外擺放著當年奏樂堂開幕啓用時，在此首演的鋼琴家滝廉太郎的紀念銅像。

爲了降低雨水帶來的潮溼對建物的影響，屋頂還保留著傳統瓦片結構。而由一根根橫木條所堆砌的外牆，其木條方向是上內下外，因而落在木板上的水滴容易順著方向外滴落，而不是由木板間的空隙向內滲入。

整個建築的石頭基座離地約幾十公分，目的是爲了避免地面的積水直接侵腐木質底部。而整個基座外圍地面舖著一圈碎石，也是防水考量，如此由屋簷滴落的水滴可由碎石空隙排出，較不易濺到建物木質部分。眞是一棟思考細膩的建築。

二樓內部的演奏廳，有一架日本最古老的音樂會演奏用的管風琴，本來早已損壞，後來管風琴修復，優美的旋律再度響起，這背後有一個溫馨的小故事。一九八五年夏天，由森壇、山崎範子、仰木寬美、鶴見良子幾個社區年輕媽媽，背著小孩，自立自強創刊一份社區刊物──《古根千雜誌》，發起小額募款。她們熱心認眞地整理管風琴的珍貴歷史、教育宣導保存台東區文化的重要意義……等等，讓困難重重的復修工程終於得以完成，寫下令人尊敬的文化保存史嶄新的一頁。

走入演奏廳的休息室內，牆上資料記載著昭和時期（1983年）曾討論過這棟奏樂堂的去留問題，是要拆解遷往犬山市的明治村復建，還是永久保留在此？經過討論後，還是希望能夠永遠保留在原址，也留下了當時與會者共同簽字決定的珍貴紀錄。

東京國立博物館——法隆寺寶物館

法隆寺寶物館的外觀非常具現代感，一座平整淺底的廣大四方形水池，只稍稍高於水面的走道，平面筆直，如橋樑般地穿越其間，直接通到正門口。博物館正門前結合了屋簷及走道陽台功能的巨大門框，構想彷彿來自於古代的鳥居，只是形狀由條狀組成的「开」變成深深的平面的「冂」。

門口外牆採用大片的落地玻璃，大量的自然光得以灑入室內，而玻璃牆上許多如江戶居家窗戶風格的垂直線條又恰好緩衝了光線的直射。

由外看來，窗戶的線、支柱的線、欄杆的線、邊角的線，地面、水面、玻璃面、牆面，這是個由直線及簡單的平面構成色相素樸的現代極簡美學建築。

讀者若有看過1958到1983年間流通使用的日幣萬元舊版鈔票，幣面人物是飛鳥時代的聖德太子（目前新版的是福澤諭吉）。他輔政後大力推動改革，遣使入隋唐學習中國典章制度，制定日本第一部憲法，開始了日後二百多年影響深遠的歷史。他篤信佛教，創建了奈良法隆寺。建造於西元607年的奈良法隆寺，是世界

上最古老的木造建築物的世界遺產。而東京的法隆寺寶物館，是專門用來珍藏明治初期初年，奈良法隆寺向皇室獻納的寶物。

今日，若有心想要研究中國唐朝的建築，要到哪裡學習？不是中國或台北的故宮，而是日本。因為唐朝建築早因天災人禍，在中國已不復存在，傳統的唐代建築物僅僅在日本被修復保存下來。

特別值得一提的是：因為1200年前的古代美術品禁不起光線照射，上野法隆寺寶物館內部展示室特別採用創新的光纖維照明，讓發熱源遠離展品。

用現代的「簡」包裝著東方的「古」，很有意思。

左上圖：東京國立博物館腹地廣大，可說是一個建築公園，這個江戶時期的池田官邸的大門，建造於寬永年間，1954年（昭和29年）移建於東京國立博物館內。

右上圖：這棟東京國立博物館的分館「表慶館」為紀念大正天皇成婚而建，是明治時期的西洋建築，由片山東熊設計。

右下圖：建造於1872年（明治5年）的東京國立博物館，本館是「帝冠樣式建築」代表作，由渡邊仁設計。擁有超過9萬件收藏品，其中有許多日本國寶，不論量或質都是日本最大規模。

東京博物館的館舍群位於上野公園內，當初以保存為目的籌建的各分館，已成為日本的重要文化財。

國立西洋美術館

二次大戰後，法國根據舊金山和平條約，歸還日本已故的川崎造船所（現川崎重工業）社長松方幸次郎珍藏的法國近代繪畫及雕刻家羅丹的藝術作品，但條件之一是日本政府必須建造一座西洋美術館，讓日本人認識西洋美術史。同時決定由以「粗獷美學」享譽建築界的近代建築三大巨匠之一——法國建築師科比意（Le Corbusier）——設計，他的日本學生前川國男也參與了建築工程。

2008年1月，日本政府將國立西洋美術館指定為國家重要文化財，並申請登錄世界遺產。

2009年國立西洋美術館即將盛大迎接開館50周年。

科比意擅長處理光線與空間的韻律，深受科比意啟發的建築大師安藤忠雄曾經評論科比意的建築：「有一股神祕的力量，藉由五感的共鳴，對自由表達追求，進而尋找未來世界的建築。」

國立西洋美術館座落在廣大的上野前庭廣場內，混凝土材質直通二樓階梯的陽台，連結灰綠色碎石的外牆上層，整體大略呈現四方形。展館內部採用屋上天窗的自然光，讓原本厚重的屋頂顯得格外輕盈；挑高的空間，光線從細縫悄悄灑下，有一種獨特的美感，並且建物會隨著自然光的變換，產生豐富的表情。

傍晚時分，暖和的夕陽餘暉下，我和惠理子帶著滿滿的收穫，緩緩散步到上野桃林堂，安安靜靜品嚐抹茶和菓子，為這回的上野藝術散步劃下溫馨古意的句點。

下回來到上野，記得來一趟不一樣的藝術散步吧！

延伸閱讀

舊東京音樂學校奏樂堂 http://www.taitocity.net/taito/sougakudou
開館時間：9:30-16:30
休館日：週一，12月29日～1月1日，特別整理期間

東京國立博物館法隆寺寶物館
http://www.tnm.go.jp/jp/guide/map/horyujiHomotsukan.html
開館時間：9:30-17:00（入館時間16:30）
休館日：週一，12月29日～1月1日，特別整理期間

東京藝術大學美術館 http://www.geidai.ac.jp/museum/
開館時間：10:00-17:00（入館時間16:30）
休館日：週一，12月29日～1月1日，入學試驗期間

國立西洋美術館 http://www.nmwa.go.jp/jp/index.html
開館時間9:30-17:30（入館時間17:00）
休館日：週一，年末年始
地址：台東區上野公園7-7
電話：03-5777-8600
交通方式：JR山手線‧銀座線，「上野」下車，公園口徒步5分

《科比意 Le Corbusier Morceaux Choisis，1912-1965》劉惠媛、施植明著，田園城市

《科比意》施植明著，木馬文化

Chapter 2

美的學習

パッション・コンプレックス

オルブライト＝ノックス美術館コレクションより

東京
Tokyo

Passion Complex: Selected Works from the Albright-Knox Art Gallery

金沢市・バッファロー市姉妹都市提携45周年記念

2007年8月1日（水）─11月11日（日）

我和其他建築師最大的不同，就是我從不去營造自己特定的風格。

——建築師 伊東豐雄

都市の余白──

安藤忠雄×東京大學大學院情報學環福武大樓

「『淡』是人生最深的滋味。」蔣勳老師曾經這麼說。

我覺得這句話很適合用來描述小津安二郎的電影——平淡緩慢，卻餘韻深遠。一台仰視角攝影機，長鏡頭固定不動，《晚春》陪在父親旁的女兒紀子，《秋刀魚之味》待嫁的岩下志麻，靜靜地訴說著平凡的生活瑣事，場景簡單，對白含蓄，娓娓訴說著生命中的苦澀，恬淡幽遠。

年輕時看不大懂小津的電影，隨著歲月漸長，似乎越來越可以閱讀這種「余白」哲學，愈看愈深，愈看愈入迷。80年代，德國新浪潮導演文‧溫德斯（Wim Wenders）拍攝的一部紀錄片《尋找小津Tokyo Ga》，片尾訪問小津的工作夥伴，他提到小津在鎌倉円覚寺的墓碑上，只刻了一個「無」字，這是小津安二郎告別東京的方式。一如小津電影的味道，淡淡的，意猶未盡。

最近，喜愛安藤忠雄建築的朋友愈來愈多，也許是在安藤作品中，也有一種如同小津電影中深刻寧靜的力量，溫厚寬容的日本價值，都市余白的詩意，那裡有一個「社會」的安藤。

左：東京都地下鐵副都心線涉谷車站

右：安藤忠雄設計的「地宙船」建築，創意概念是「埋在地下的宇宙船」。

透過雙眼的觀景窗，你會發現一個安靜的視角，可以幫助我們看到細膩的生命力。

安藤接受日本媒體專訪時，提出對未來都市建築的四個提言，值得參考學習：

・從「都市所有」到「都市共有」的時代
・綠色都市計畫的急切重要性
・都市の余白的必要性
・向世界宣揚日本設計力

安藤持續急切地呼籲都市綠化和都市余白。在申請2016年奧運主辦國家的籌備計畫中，安藤正積極打造一座「海の森林」，希望在東京灣垃圾山，種下48萬株樹苗的海上森林公園，讓10年後的東京成為美麗的綠色城市。

2008年，安藤在東京最新完成的建築有兩件：一個是位於東京大學本鄉校區的情報學環福武大樓，另一個則是東京都地鐵副都心線的涉谷車站。讓我們一起去走走，同時也和你分享，我在這棟建築施工期間的觀察記錄。

關於安藤作品的賞析，我發現一個有趣的三階段觀察方法。首先，如果有機會或時間允許，我會在安藤新作品的施工期間，跑去工地現場走走看看，記錄當時的觀察心得；接著等到作品竣工，再到完工建築參觀見學；最後等建築使用一陣子後，再去看看建築的樣貌，或者問問使用者的心聲。

我覺得這樣可以幫助我從感受創作的過程中，收藏一座建築的現在進行式。

位在文京區的東大本鄉校園，很值得去晃晃走走：夏目漱石的三四郎池；加賀藩主前田家的御守殿門、知名的歷史建築東大赤門；1928年由內田祥三設計的東大綜合圖書館；大谷幸夫設計的法學部4號館；還有東大綜合博物館小石川分館……都很有味道。每年東大五月祭，校園更是湧進上萬人潮。

東京大學大學院情報學環‧福武大樓是由福武書店集團捐贈給東京大學16億5000萬基金所興建的，這是安藤再度與會長福武總一郎合作的建築。去年這棟大樓還在施工期間，我就常常跑去工地看看，有時候是到東大圖書館找資料，有時候是去參加學術研討會，或者去旁聽東大教授的演講。

重視都市綠化的安藤，為了保存校園中樹齡100年以上、高30公尺以上的整排大樟樹風景，特別將大樓主體建造在地下。施工期間的工地外牆海報，也很值得學習，海報上繪製一整排「思考的森林」（Thinking forest），並以思考樹狀結構（Mind Mapping）勾勒出做學問的學習架構，我覺得很有啟發性。

我在工地探頭探腦好奇不已，監工好心地打開工地大門，讓我們進去瞧一瞧。當時看到埋在地下的大樓正在打地基，一旁大樟樹迎風挺立，綠意盎然，我也在我的筆記本上寫下了那天滿滿的感動。

今年四月大樓完工後，我去參加開幕懇親會，直島美術館館長北川フラム教授和東京藝術大學大學院映像研究科科長藤幡正樹教授，特別到場演講祝賀。

水平面屋頂，一面100公尺開放式的清水模長條外牆，安藤細膩地為學生打造一座「考える壁」（思考之牆），在培育年輕知識份子的東大校園，留下空白一隅，讓學生在此冥想散步，與自己心靈對話。

筆直的長廊，彷彿一條追求學問的道路。走廊頂上與建築本體幾乎等同面積的細長屋簷，遮住了一半以上的走廊面積，大晴天時可以遮避直射的陽光，下雨時學生仍可以走出教室透透氣。整棟大樓的玻璃牆面，則是以直條窗框切割成如屏風般的垂直線條。

美
的
學
習

由走廊兩側樓梯往下走，是挖空至地下二樓的教室空間。從兩側及中央都可進入建築本體，在一樓及B1的中央各以短短的天橋連接：一樓天橋入口開在外牆，B1小入口則開在玻璃牆上，散發著安藤建築的寧靜禪意。

大樓正對面一百多年前的石造建築，隔著校園街道彼此相近地對望著，對比著時間的痕跡和現代的質樸。

走到赤門對街，有一間創業於昭和25年和菓子老店「扇屋文學散策」，夏天時品嘗他們的涼果「加賀の冰室」，是一大享受。以北海道小豆製成的「加賀の冰室」，甜味清淡又不膩口，有紅豆的香氣和杏桃甜而不酸的滋味，同時讓人感受到沁入心頭的冰涼舒暢。

創校130週年的東京大學，出版圖書豐富，有興趣的話可以到赤門旁的Communication Center參觀，這裡展示東大最新的研究成果，還有圖書、多媒體資訊、東大產學合作開發的商品等等。

最近，東京電視台「ウールドビジネスサテライト」（世界商業衛星報導），爲紀念節目開播25週年，製作了一系列探討「日本力」專題，也呼應安藤懇切呼籲綠色都市的重要性，想一想，我們也可以爲地球付出一些小小的力量。

東京大學大學院情報學環，福武大樓 http://fukutake.iii.u-tokyo.ac.jp/

交通資訊：大江戶線、丸之內線「本鄉三丁目」站下車，步行8分鐘

地址：東京都文京區本鄉7-3-1

電話：03-5841-5902

京都桂川旁一個微醺的夜晚，我和朋友杉山靜靜地坐在嵐山渡月橋邊，望著潺潺流水。恬靜的草地上，螢火蟲偶爾飛過，我們聊著舊金山塵封的回憶和同學們各自的近況，這個仲夏夜，靜謐沁涼。

聽著神山純一的冥想CD《水の音樂》，簡單的鋼琴伴奏，清澈純淨，若隱若現。空靈飄渺的音符，大自然晶瑩剔透的水滴，心情意外地輕盈平靜。

第二天清晨，杉山搭新幹線回東京白金高輪，我坐在JRびわ湖普通列車，聽著神山純一的《夏の終わりた》，微風清拂，在花香、蟲鳴中，造訪山中美術館。

一個現代桃花源——MIHO美術館，就隱身在距離京都約兩小時的信樂山桃谷。

從滋賀縣石山市下車後，轉乘山中巴士，沿途山谷中雲霧繚繞，靜靜地來到國際建築大師貝聿銘在日本的唯一作品——MIHO美術館。

多年前，當貝聿銘首度探訪這塊山谷時，深深被這片秀麗風景感動。1987年，他曾為神慈秀明會的神苑設計洋鐘塔，那是貝聿銘第一次為神慈秀明會所設計的作品。鐘塔完成後，神慈秀明會會主小山美秀子母女非常欣賞，於是，他們再度邀請貝聿銘先生為神慈秀明會建造一座美術館，讓他們收藏了超過四十年的美術品，可以和更多人分享。

巴士經過蜿蜒小山路，緩緩抵達山中美術館。

這是一座建築面積百分之八十埋藏在地底下的美術館，當初不會說日語的貝聿銘先生，用中文寫下了「桃花源記」四個字，來和神慈秀明會會主小山美秀子母女溝通他的設計理念。他以陶淵明筆下的武陵漁人發現桃源鄉為主題，決定要建造一個自然與環境共生的建築。

晉太元中，武陵人捕魚為業。
緣溪行，忘路之遠近。
忽逢桃花林，夾岸數百步，中無雜樹，芳草鮮美，落英繽紛。
漁人甚異之。復前行，欲窮其林。

為了不破壞美術館所在的山林，訪客抵達接待處後，還需要步行通過一座吊橋才會到達山中美術館。貝聿銘想讓造訪的旅客如同《桃花源記》中陶淵明筆下的漁夫，走著走著彷彿迷了路，卻又忽然豁然開朗。

因此，從接待所是看不到美術館的，因為建築師在前往的山間道路前端設計了一個轉折，讓路的盡頭消失在青山之間，旅人走在其中，也許會以為走錯了方向。

轉過山縫間的道路，這才見到隧道口。緩步進入隧道口之後，仍見不著盡頭的光亮，因隧道本身亦是彎曲的，銀灰色金屬材質的隧道牆，伴隨著柔和的燈光設計，橫跨山谷，連接對山的美術館。

到了隧道另一端，才看見在出口等待的圓拱形橋頭。巨大卻柔美不霸氣的線條交錯，和吊橋本體的結構融和成一體。亮晃晃的天光輝映著廣闊的視野，一個步伐，一個凝視，盡皆美不勝收，果然是柳暗花明、豁然開朗的現代桃花源。

由於美術館建造在山中，在滋賀縣的自然保護法中，山中的建物限制比一般建築嚴格，為了在法規約束內有限的面積中興建完成，從空中看到的屋頂面積不能超過2000平方公尺。因此館內大部分的空間是蓋在地底下的，使土地表面的開發面積降到最低。動工時是在開挖建構完成後再將土回填，重新植樹回復自然面貌。

從吊橋的盡頭走上石梯，即是山中美術館的入口。美術館具有東方廟宇的輪廓，使用的卻是現代的材質及線條。參訪者可以從銀灰色鑲著圓形玻璃、現代極簡風格的迎賓正門，進入美術館內部。在整體結構上，為了保有充足的採光，屋頂、大門和對面落地窗景觀的素材，都是以大片玻璃為主，交織的三角形鋁架彼此相連，而在支架端點上，往往是六根甚至九根支柱的交叉點。

美的學習

正門大廳的落地窗邊，有一張紮實的長方形櫸木椅，這是由完整的一整塊原木所製成的。木椅面上一圈圈柔和的拋物線年輪線條，和木料生長時向內擠壓出的細細裂痕，隨著因時光流轉而斜移的日照光影，靜靜地在一角伴隨著旅人停歇休憩。

屋頂的板面部分搭建了一方一方的木質框架，並在框架內用綿密的木色細條互相連結，彼此間隔著橫向地排列搭建起來。除了可以遮蔽刺眼的直射光外，並可讓室內光線的色澤，搭配同色系的大理石地板及牆面，充滿天然原木色的柔和溫暖。

大門的圓、屋頂的方、支架的三角，木質的細線條、金屬柱的粗線條和交叉點，就像是近代西方幾何學的具體實現，又完美融和了東方的意境。

窗外三株赤松，高矮粗細不一，其中一株斜立著，有一種水墨畫才能看到的蒼勁，背景後方一脈脈濃淡不一的青山，鬱鬱蒼蒼地成為眼前水墨畫的一抹淡綠。

在介紹美術館的影片中，建築師貝聿銘表示：「日本的建築家，在很久以前已經知道如何將土地、建築物和景觀和諧（Harmony）的感覺落實，我非常尊重日本人的心和文化傳統。我希望試著去融合東方和西方，結合傳統和現代。」

記得以前在實踐大學教書的時候，每學期我會挑選一位藝術家的生平作品介紹，同時播放紀錄片給學生欣賞討論。這卷《山中美術館》是其中唯一的VHS帶子。

雖然，影像已經不再鮮明，畫質漸漸褪色；但是，每回上課和學生在燈光全暗、黑漆漆的教室裡一起屏息觀看影片的當下，心中滿滿的感動，和第一次在滋賀縣信樂群山中的桃谷與「山中美術館」相遇時，一樣的驚豔不已。

也許每個人心中，都有一個永遠的桃花源。

美的學習

一延伸閱讀一

MIHO山中美術館 http://www.miho.or.jp
交通資訊：JR琵琶湖線「石山」站下車，轉乘帝京巴士「MIHO山中美術館」下車
地址：滋賀縣甲賀市信樂町桃谷300
電話：0748-82-3411

《美的學習》天下雜誌編輯部，天下雜誌，2002年11月13日

市民協奏曲——

伊東豐雄×松本市民藝術館×仙台媒體中心

淡淡逆光、微晃鏡頭，電影《花與愛麗絲》一抹抹散開如將要溶化的柔美光暈——這些移動中的光影線條，稍縱即逝，令人著迷，醞釀出年少春春的美好時光。

長期和導演岩井俊二合作的好夥伴——已經病逝的攝影師篠田昇，獨特細膩的個人風格，正是岩井俊二電影中捕捉瞬間美感的靈魂人物。

不過，許多岩井俊二的影迷可能並不清楚「篠田昇」是何許人也，正如伊東豐雄的結構夥伴——建築師佐佐木睦朗。常常被媒體遺忘的佐佐木，其實長期和伊東豐雄協力合作，共同創造了形狀自由、但具有精密力學計算的作品。

多摩美術大學圖書館罕見的圓拱門弧形線條、岐阜縣各務原「瞑想之森」的三度空間自由曲面、仙台媒體藝術中心的不規則流動管柱結構……擅長打破傳統框架的伊東豐雄，在發想這些瘋狂的創意設計圖背後，其實有一位很少人知道的建築師夥伴佐佐木睦朗，這位結構專家，才真是伊東豐雄每一次演出不可或缺的後台支柱。

佐佐木的建築工法讓伊東豐雄的奇想造型可以突破重重困難與挑戰，巧妙融合藝術與技術的不可能任務，完成伊東豐雄每一件讓人驚歎的建築創作。

仲夏，跳上JR特急スーパーあずさ（Super AZUSA），我前往距離東京大約兩個半小時的松本市，聆聽久石讓在日本國寶「松本城」本丸庭園的露天交響音樂會——眞夏夜の夢，同時參觀伊東豐雄位於長野縣的設計作品——松本市民藝術館。

特急スーパーあずさ沿途風景秀麗，電車交錯時，我們與對面月台素昧平生的一群校外教學的老師和小朋友揮手打招呼——下次相遇不知何年何月？小朋友也熱情地和我們揮揮手。真很有意思的小插曲。

伊東豐雄1941年出生於韓國首爾，後來因為父親工作的關係遷居日本長野縣。2004年開幕的松本市民藝術館，是伊東豐雄再一次大膽探尋公共建築的新鮮想法之具體實現，彷彿是為小時候玩耍長大的地方——長野縣——譜出的一首輕盈自在的市民協奏曲。

搭乘松本市觀光周遊巴士（Town Sneaker），下車後，散散步，藝術館就在眼前。

藝術館整體造型遠看像是一把小提琴——本館完成後，據說連小澤征爾也很滿意。這棟二層樓高的建築，有著灰色的金屬外牆，玻璃窗在晴空照耀下微微地泛著藍光，建築物的外觀和色彩搭配晶瑩清透。

尤其，光線非常迷人。

松本市的中町通，是一條古意老街，保留許多「藏」（倉庫），
還有許多特色小店、手工藝雜貨屋。

簡潔的灰色外牆上鑲著一顆顆不規則如同小碎石的透明造型，讓人不由得好奇，這是作什麼用的？

走進館內，視野頓時豁然開朗。這棟建築的佔地面積接近狹長形，外觀看起來較小，是因為大門口剛好位於長方形的短邊。進門的樓梯占了室內頗大的空間，可提供眾多市民在短時間內進場散場；同時樓梯沒有轉折，寬敞而筆直地通到二樓，在這裡立刻可以感受到挑高的空間。

而最引人注目的，是隨著樓梯旁的白色手扶梯蜿蜒著向前向上延伸的右牆。許多白色光點嵌在室內昏黃微暗的牆壁上，一顆顆，大小不一，不規則地透光進來，最大的光點是窗戶。這些光點形成的柔軟而隨意的線條，像是微暗夜空中飄落的雪花，也像是從指縫間滑落流散的白沙。

我猜想：這應該是從小在長野縣雪地玩耍長大的伊東豐雄，對「雪」的濃厚情感，當然也轉化成為讓遊客充滿想像的視覺元素。

這些透明的小小雪花窗，晶瑩亮透，彷彿如冬雪降大地，成為在這條迎賓路上歡迎訪客的第一個驚嘆號！

沿著牆邊的手扶梯上到二樓，仲夏午後的綠意經由整片落地窗流瀉進入屋內，光點疏密不定地輝映……。紅地毯上的花生米造型座椅，圓滾滾、不規則地，猶如被切成兩半的水珠，替廣大的二樓空間增添了曲線的趣味。

相對於二樓外紅內黃的花生椅，一樓的大福口味的麻糬椅子，在白色的水面中央像浮起一片山脈，很有日式極簡的山水味。

日本東北，還有伊東豐雄另一座顛覆傳統思考的公共建築——仙台媒體中心。

從東京搭乘JR東北新幹線はやて，大約兩小時左右，仙台市到着。

綠意盎然，微風徐徐，種滿櫸樹的定禪寺通，矗立著一棟透明玻璃帷幕的現代建築。

Bonjour！Sendai Mediatheque。

Mediatheque在法文的意思是「收納媒體的架子」。2001年開館的仙台媒體中心，以前所未有的13根海草管柱和七塊金屬板塊，實踐市民圖書館嶄新的思考。

伊東豐雄希望這棟建築物不只是被動地存放圖書、CD、DVD、錄影帶、光碟資料等，而能和市民產生多元的文化互動。於是這棟地下二層、地上七層媒體藝術中心，每一層樓都經過精心設計，邀請市民前來參與使用。

他採用外牆全是透明玻璃帷幕的四方體。由於玻璃是用拼接的方式，沒有一格格的窗框，因此可以清楚看見內部結構，就像長在海底的透明小魚，可以看穿透明的身體，而直接見到內臟結構一樣。

美的學習

從外觀欣賞這棟建築，會發現內部有多管粗細不一的鏤空管柱，彷彿建築生命體內排列了許多不規則的消化管，由屋頂穿通到一樓地面；又像是一件內部裝置了水晶雷射雕刻的藝術品；或者是水族箱內一排排向上浮起的氣泡路徑。

一樓開放廣場這些一根根交錯的白色金屬細柱狀結構，有的以橫豎的十字交叉，有的以橫斜的交叉讓線條有向上迴旋的感覺，有的則是斜向的交叉。而白框的玻璃柱有粗有細，有的上細下粗，有直有斜，這是伊東豐雄和佐佐木睦朗在這個建築空間裡大玩結構線條的創意。

一樓裡另一個醒目的焦點，是一個造型有如擠出一管粗細不一的桔紅色牙膏，其實這裡正是接待櫃台。

二樓的視聽空間以淡雅的白與綠為主，整體環境氛圍輕鬆靜逸，又有一種活潑感。不論是書架綠色放置檯面的弧形排列、視聽座位及視線遮布弧線設計、會議室泛著淡綠色的毛玻璃曲面外牆，以及電梯旁如浮萍水草般的小座椅，都透露出素雅的靈巧生動。

三樓閱讀查詢區的廣大空間，則大量採用三葉酢漿草形的座椅，櫃台將類似的曲面造形，改成白色的二葉曲面造形。這裡免費提供市民、遊客、外國人士、身心障礙者最先進的情報資訊設施，從文化、美術和影像出發，靈活滿足使用者對各種媒體資訊的需求。

13根海草柱內微亮的綠色光影，透明玻璃的現代感，每層樓，每一個角落，都有奇妙精采的五感滋味。

特別是夜晚，室內的照明透過玻璃牆投射，整棟建築透亮無比，白天時的反光干擾消失，sendai mediatheque就像一座建築的「結晶」。

曾被英國皇家建築學主席捷克‧普林格稱譽為「不可能的夢想家」的伊東豐雄，以「仙台媒體中心」這座動人的公共建築，榮獲2002年威尼斯建築雙年展的終身成就金獅獎。

伊東豐雄曾在接受媒體訪問時，談到自己流動性建築的設計概念，分享「講日文」對其創作的影響很大。他表示：用日文思考講話時，有一種語言的「餘韻」，因為日文是把動詞放在最後面，所以，可以把所有東西想完後，最後才下動詞。這中間就具有一種流動性。

夜深了！跟伊東豐雄的建築說再見，常常叫人不捨。

一
延
伸
閱
讀
一

松本市觀光情報中心 http://youkoso.city.matsumoto.nagano.jp/

松本市民藝術館 http://www.mpac.jp/index.html
交通資訊：松本市周遊巴士（Town Sneaker）「市民藝術館」下車，JR中央線松本站徒步10分鐘
地址：長野縣松本市深志3丁目10番1号
電話：0263-33-3800

仙台媒體藝術中心 http://www.smt.city.sendai.jp/
交通資訊：JR「仙台」站搭乘市營地下鐵「勾當台公園」站下車，「公園2」出口徒步5分鐘
地址：仙台市青葉區春日町 2-1
電話：022-713-3171

《打破舊秩序，才能激發新建築》，楊瑪利、高宜凡，遠見雜誌，2008年3月

鄰近日本海的北陸第一大城——金澤，自古有「小京都」之稱。從京都出發搭乘 JR サンダーバードー（雷鳥號），大約 2 小時 40 分就可以到達。

矗立在這個素樸幽雅古都之中的金澤車站，2005 年才剛剛完工。往上俯瞰，整個車站如同一把大傘，據說是因為金澤長年多雨多雪，所以有此一說：金澤車站就像是撐起一把大雨傘，歡迎旅客的到來。

這巨大的現代建築以金屬結構彼此綿密地相接，形成弧狀的棚頂。棚頂骨架外層以玻璃面板銜接，讓自然光線成為這高而廣的旅客休憩空間的照明。車站入口宏偉的大鼓門門柱採用原木材質，左右門柱，以長的粗木條立成內外二圈，而內外二圈各自向相反的方向傾斜，支撐著有一格格方格的門樑。

此外，金澤車站還是一個「節能」綠建築，因為設計師在車站屋頂鋪設了3200片採光玻璃，而這個傘狀的大雨棚，可以先承接降落的雨水，然後載運到地下室的儲水庫，供應車站的盥洗室，還有車站外的噴水池。

搭乘金澤市的文學觀光巴士「鏡花」，大約20分鐘後就可以到達金澤城的廣場。
下車後，一個正圓形的公園美術館座落在街邊，歡迎旅客從任何一道門進入參觀。

位於石川縣的金澤市，曾是日本室町時代末期武將前田利家「加賀百萬石」的藩
地。人口只有45萬人的四百年古城，在金澤市長山出保的規劃之下，以傳統歷史
文化的價值創新，積極走向國際世界，提出「美麗金澤」的前瞻願景，打造一座
令世界驚豔的現代建築──金澤21世紀美術館。

在《超‧美術館革命──金澤21世紀美術館の挑戰》一書中，金澤21世紀美術館
特任館長蓑豐表示：起初，金澤市民反對建造一座現代建築，在日本三大名園之
一的兼六園對面，居民不希望花大錢蓋一座現代美術館。

美的學習

不過，2004年10月開館以來，短短三年就帶來四百三十五萬人參觀人次，相當於近十倍金澤人口數的觀光人潮，其中百分之四十為金澤居民，百分之六十則來自於石川縣外的日本國民和外國旅客。同時，由於這座由妹島和世、西澤立衛的SANAA建築事務所設計的美術館，在完工前，就已獲得2004年威尼斯建築雙年展金獅獎，更為金澤帶來了盛名。慕名朝聖的國際觀光客，估計創造了約三百億日圓的經濟效益，美術館也獲得了當地居民的認同。

從外觀看來，金澤21世紀美術館是僅有一層樓高的建築，沒有傳統博物館極盡炫耀的恢宏氣勢。造型設計也有別於傳統方正的格局，而是少見的圓形，遠看就像平放在草地上的一片乳白色圓餅乾。

法國羅浮宮預定於2009年開館的羅浮宮朗斯分館（Le Louvre-Lens），負責設計的也是妹島和世、西澤立衛所屬的SANAA建築事務所。羅浮宮館長Henri Loyrette特地前來金澤21世紀美術館見學取經，參觀美術館的時候，他對館內開心玩耍的小朋友很好奇。

「為甚麼你們可以讓這麼多小朋友喜歡來美術館呢？」他問金澤21世紀美術館特任館長蓑豐。

一個人口不到50萬人的古都二線城市，每年竟然可以吸引超過150萬觀光人次，簡直是日本美術館的奇蹟。究竟金澤是如何辦到呢？

主要成功關鍵因素分析如下：

1. Keyword＝「小朋友」

催生這座美術館的靈魂人物——特任館長蓑豐，在和藝術家村上隆一場對談中提到金澤21世紀美術館超人氣的keyword在於「子ども」（小朋友）。

不同於一般曲高和寡的美術館，金澤21世紀美術館一開始就希望定位為「讓『小朋友』發揮創造力」的美術館。所以，設計理念是從兒童的思考角度出發的。例如：因為小朋友普遍不喜歡灰暗的顏色，全館採光明亮；還有美術館內沒有穿著警察制服的巡邏員，讓小朋友可以放鬆心情盡情欣賞參與各項藝術活動。因此，你可以在館內聽到小朋友的歡笑聲此起彼落，可以說是日本唯一「にぎやかな」（鬧熱滾滾）的美術館。

2. 互動魅力

金澤21世紀美術館另一個成功的因素在於「互動性的魅力」。

哈佛大學美術史博士、曾任職於加拿大蒙特婁美術館及美國芝加哥美術館的蓑豐館長認為：「美術館是一種服務業，也需要經營管理」。他特別提到「學藝員」的重要性，學藝員是「魅力」美術館企畫的重要關鍵。一般日本美術館的學藝員，大多保守傳統，缺乏熱情，埋頭研究歷史資料。因此，蓑豐館長在招考學藝員時，非常慎重。此外，有別於一般日本美術館有距離感、冷冰冰的展覽品，金澤21世紀美術館以「互動性魅力」的藝術展覽和設計，歡迎參觀遊客五感體驗與感受。

3. 市民參與

金澤21世紀美術館希望成為全民的藝術館，定位為「街的廣場」。除了依據金澤市政府需求，在地下一樓規劃了1458平方公尺的市民藝廊，定期展覽市民的攝影、繪畫、雕刻、書法等等藝術作品。也有不少金澤市民選擇在美術館外的公園舉行婚禮。

還有一個很有意思的兒童美學課程，金澤市的國小四年級學生，依規定都要來金澤21世紀美術館開發創造力。根據研究：國小一、二年級的學生，年紀還太小，精神不容易集中；而五、六年級的學生，因為身體開始產生變化，對異性興趣較大；國小四年級的學生（十歲），則正好對任何事情都很好奇、都有興趣研究，最適合開發創意能力、學習新的事物。

公園草地上有一些不鏽鋼材質的公共藝術作品，還有排成一道弧線的金屬休閒椅。落地窗的外牆上爬滿紫色的牽牛花，一來是對建築外觀的綠化和美化，二來也可減少室內直射的日光。

美術館圓圓的外型，從各個角度看都很有趣，但也會讓人一時不知正門入口的位置。在內部沿著環繞的走道漫不經心地閒逛，會一時不知東西南北。不過這也意謂著，不用管正門在哪裡，有門的地方儘管走進去就對了，反正每道門都是敞開的，歡迎遊客從四面八方隨意地進入。

室內有個小天井，一群人圍著一個游泳池，池底有人仰望著池上的我們，兩方還互相拍照——原來是館內超人氣的藝術品〈The Swimming Pool〉，利用遊客無意間的參與，產生視覺上的錯覺。這是由阿根廷藝術家Leandro Erlich所設計。

美的學習

戶外的綠意透過玻璃外牆投射到室內，讓室內光線透著些許清爽。展覽室的各個隔間除了展示不同主題的現代藝術創作，還有藝術圖書室，也有讓小朋友學習的繪畫教室。

逛累了嗎？美術館隨處可見造型別緻的設計椅，舒服地讓人想要立刻坐下來。

有白色三葉草形的椅子、圖書室的花瓣椅、戶外的金屬麻糬椅、椅背呈二片狀的兔耳創意椅，還有沐浴在森林裡的原木長椅。這些精彩擺設的巧思，非常值得細細品味，坐一坐、玩一玩、或者滾一滾也可以。

能夠隨意地進來，隨意地坐下來休息，也隨意地來看展、看書、看藝術，這不就是市民公共空間的精神嗎？

位在金澤21世紀美術館對面，另有一處值得駐足停留的金澤名勝——兼六園。

兼六園是日本的三大名園之一。兼六園的「兼六」出自宋朝李格非所著的《洛陽名園記》對湖園的描述：「洛人云，園圃之勝不能相兼者六，務宏大者，少幽邃；人力勝者，少蒼古；多水泉者，難眺望。兼此六者，惟湖園而已。予賞游之，信然。」

這意思是好的湖園景觀必需具備六個條件，宏大、幽邃、人力、蒼古、水泉、眺望，稱之為六勝，但這六項條件其實是彼此相互抵觸。當初加賀藩第十二代藩主前田齊廣，曾邀請白河藩主松平定信來此參觀，這位松平藩主見遊之後大為讚嘆，於是引經據典提及這相互衝突的六勝，並將此園命名為六勝皆備的「兼六園」。

兼六園地處於緩緩起伏的山上,從園內一側的眺望台,可以俯瞰到市集依著山間凹地延伸。兼六園建於1676年,直到1871年才完工對外開放;經過歷代百多年來建造,成為一座林泉迴遊式庭園,而不是白砂耙痕的枯山水式,彎曲的湖面水流和步道踏石來往相會交錯,旅人可以隨著涓流穿梭遊走。

覆滿青苔的土地石塊間,有一座由園內主池「霞之池」的水源水位差所形成的日本最古老的自然噴水池。園內種類豐富的植栽,隨著四季流轉而景色萬千,楓樹、梅園、花見、椿樹、古松、水畔的鳶尾,在不同的花期恣意綻放。

106

一個百年歷史的江戶庭園，一座生氣蓬勃的現代美術館，在金澤相互輝映。

大阪市立大學創造都市研究科教授佐佐木雅幸接受媒體訪問時指出：「城市如果擁有傳統文化，卻不懂得創造新價值，就只是普通的文化城市，而不是創造型都市。」

金澤21世紀美術館特任館長蓑豐，跳脫傳統窠臼，為傳統古都注入創新思維，他表示，他還有很多新點子想要繼續推動實現；例如：從金澤車站到21世紀美術館之間的30分鐘散步路程，可以開發「一條金澤藝術大道」（Art Avenue）；還有未來可以和羅浮宮跨國合作……等等。

讓我們屏息以待「美麗金澤」持續推動一場寧靜的「超・美術館革命」。

美的學習

一
延
伸
閱
讀
一

金沢21世紀美術館 http://www.kanazawa21.jp/ja/index.html
交通資訊：JR「金沢」站下車，轉乘金沢觀光巴士（Kanazawa Loop Bus），「広坂」下車
地址：石川縣金沢市広坂1丁目2番1号
電話：076-220-2800

兼六園 http://www.pref.ishikawa.jp/siro-niwa/kenrokuen/season.html
交通資訊：JR「金沢」站下車，轉乘金沢觀光巴士（Kanazawa Loop Bus），「広坂」下車
地址：石川縣金沢市丸の内1番1号
電話：076-234-3800

《超．美術館革命──金澤21世紀美術館的挑戰》蓑豐著 角川書店

《小城再起──創造型都市大翻身》天下雜誌 2008年1月30日

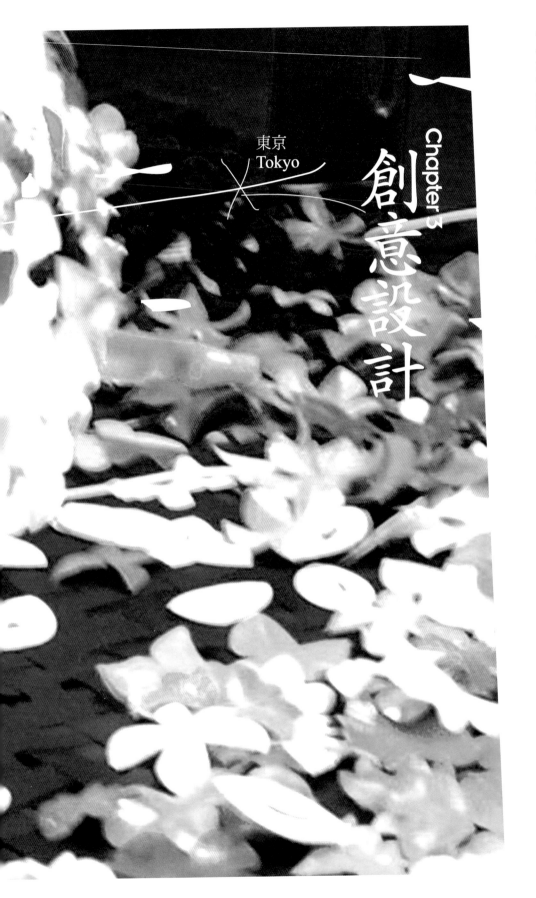

東京
Tokyo

Chapter 3
創意設計

我在創作的時候，喜歡像散步一樣，去享受作畫過程中的各種樂趣。

——日本插畫家 奈良美智

秋天・銀杏・東京設計週

秋天東京午后，神宮外苑前三百公尺長的兩排銀杏大道，大約種植了四百株銀杏樹，暖暖的光線從樹葉縫隙中輕輕灑下，秋風緩緩吹拂，黃澄澄的銀杏葉，滿滿地堆在筆直的人行道上，散步其中，彷彿走在黃金的地毯上。

銀杏步道的盡頭──南青山外苑前的「100% Design Tokyo」，是一年一度的東京設計大件事──「東京設計週」（Tokyo Designer's Week）──主要會場。東京設計週起源於1986年的「Tokyo Designer's Saturday」，原本是只開放給專業人士的圈內人活動，但自1997年開始，爲了讓更多日本國人參與，提升美的素養，開始對一般大眾開放，到今年正好屆滿二十二週年。

東京設計週選在風和日麗的秋天舉行，金黃銀杏和層層楓紅，爲一連串系列活動譜寫出綺麗動人的前奏曲。2007年估計約有來自世界超過20個國家的設計師，1,000家以上設計公司、組織及學校，吸引十萬人以上參觀人次，是日本最大規模的設計展。

這年主辦單位特別邀請英國設計師Michael Young為活動主題設計視覺logo和主要會場視覺設計。出生於英國桑德蘭（Sunderland）的Michael Young是國際知名中生代設計師。1992年，他早期的作品軟鋼編織（Woven Steel Works）一推出就被法國龐畢度藝術中心及包括羅浮宮在內的知名公共藝術機構收藏。而他為日本E&Y設計的傢俱則被德國慕尼黑博物館和倫敦博物館收藏，這個系列被認為是創造了設計界嶄新的語言。

1997年，他被Terence Conran選為最具影響力的英國設計師，他的作品被譽為極具影響力。2003年，Michael Young開始與橙果設計合作，並為台灣帶來許多精彩的設計作品，例如：物件嵌入式設計的捷安特CITYstorm自行車。

古靈精怪的Michael Young，這次為「100% Design Tokyo」特別設計的大型〈Love Button〉（愛的鈕扣）裝置藝術矗立在入場處，十分醒目，他希望傳達的精神正是「Love Your Design, Love For Design」。入場券的設計也很有創意——限量五萬個愛的鈕扣，讓參加的民眾作為紀念收藏。我在現場採訪他時，他正活蹦亂跳地在心愛的Magis Dog House旁邊玩耍；攝影師準備幫他拍照時，Michael Young還小心翼翼地親手把狗屋的小階梯擺好，真是一個童心未泯的藝術家。

「100% Design Tokyo」每年十月底舉行一系列嘉年華式的設計活動，這年主要會場包括由各單位贊助的「貨櫃設計展」（Container Ground）、「設計學生作品展」（Student Exhibition）、「ゼロ展」（Zero Exhibition）、「Music Event」、「世界設計雜誌總編輯高峰會」（World Chief Editors Conference）等等，在東京設計週期間，國外知名設計師都會親臨展場，除了展出設計作品，也會舉辦許多演講，是一個非常重要的國際設計交流展。而日本各國大使館也會推出各種設計展，並開放大使館讓民眾自由參觀；例如西班牙大使館、荷蘭大使館、比利時大使館等等。這些大使館有的本身建築物就非常值得參觀，我覺得這是一個以設計推動外交很新鮮的作法。

在設計週活動期間，日本知名的設計雜誌《BRUTUS Casa》，每天會出版無料的設計快報，導覽當日現場大件事，非常值得收藏閱讀。同時，整個南青山地區「Shop Exhibition」的許多設計店家，在展覽期間也推出許多有趣的活動吸引民眾參訪；參觀民眾可以到70個參展的設計商店，收集不同設計圖案的印章，並有機會和知名的設計師見面聊天。各家設計商店爭奇鬥艷，設計自家boutique，為每年南青山設計週帶來有趣互動的元素。

2007年主辦單位還策畫了一個「Japan Brand Exhibition」大展，向參觀民眾宣傳日本傳統工藝品的品牌故事，更是成功宣傳日本優良設計的好點子。

活動的宣傳造勢也很有創意，在Design Tide展場外，展示著三輛可愛的方方角角形的宣傳車，小巧的車身大約只夠一個人坐在正中央。這幾輛小車車安靜地一起圍著電源插孔在充電，原來是沒有排氣管的環保便捷的小交通工具——Eco x Art。

車體的白底外觀上畫滿了各式抽象符號，擋風玻璃呈正方形，方向盤和雨刷在正中央，側面窗則是不規則的五邊形，邊線稜角十分明顯。在會場中遊晃時，很容易發現這幾輛超有趣的宣傳大使，穿梭在東京設計週的會場附近。環保藝術宣傳車內還附有各式不同款的折紙小車，提供給參觀民眾當紀念品。

右上圖：由日本馬自達（MAZDA）汽車贊助的「貨櫃設計展」
（Container Ground），在會場的新車展示。

右下圖：這次特別企畫「Japan Brand Exhibition」大展，向參觀
民眾宣傳日本傳統工藝品的品牌故事。

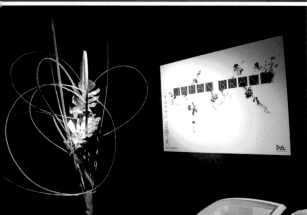

其實在東京設計週期間，整個東京地區，還有好幾個設計展同時進行，包括 Design Tide、東京中城的Design Touch等等。接下來介紹東京設計週幾個精采的設計作品：

丹麥設計師作品Woofy by Gabriel Nigro

一進入展場室內，就可以看到一群 Normann Copenhagen的純白色小狗Woofy。由丹麥知名設計師Gabriel Nigro創造的小狗狗，造形渾圓可愛，創意靈感來自於設計師自己的使用經驗。小狗內藏電線，可以當照明燈，也可以當椅子坐，當然也可以在上面繪圖，把小狗狗畫成自己喜歡的樣子。這是今年展場相當受注目的設計作品。

英國設計師Michael Young作品

City Storm 腳踏車

2003年Michael Young為捷安特設計的City Storm自行車，強調是第一款以房車規格打造的自行車，不同於傳統自行車，採用物件嵌入式設計，將一些配件內嵌在車體之中，變速排檔裝置也藏在車鏈蓋內，整個車身靈活輕巧無比。而前後的照明車燈、中下方小小的車鎖，以及後掛在兩側的收納包，都可以自由提取。此外，時尚造型，配色典雅，是一台專為都會雅痞設計的自行車。

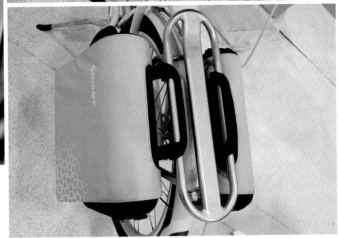

Magis Doggy House

Magis橘紅色小箱子是個狗屋，入口處前高後矮，用鐵架將狗屋懸空架高，
Michael Young大概擔心小狗被地板凍著了。有趣的是，狗狗屋還有個上揚屋
簷，下雨時雨水會順著坡度向後向旁流下，心愛的狗狗因此不會被雨水滴到。
doggy house門口前有個和屋簷同寬的平台，可以放食物，懶得出門時，狗狗只
要探出頭就可以吃飯了。最特別的是，Michael Young還設計了一個獨立可愛的
小階梯，我才剛和Michael Young聊完天，他轉身就順腳將小階梯踢到門口的位
置，真是一個大頑童。

法國LACOSTE造型隨身碟

Michael Young為法國LACOSTE設計的隨身碟，外形就像保護新鮮食品，是用真空包裝。隨身碟的形狀是環狀的，方便使用者戴在手腕，拉開隨身碟手環即會平整地斷開，露出USB的插頭。灰白色的表面則刻著類似鱷魚皮的簡單紋路，讓隨身的科技用品也成為時尚。這系列產品不久前才在巴黎時尚週發表。

比利時Branie時尚微調皮帶

傳統皮帶千篇一律的設計很無聊，來自比利時的Branie時尚微調皮帶，新鮮的色彩與時尚造型，讓人眼睛一亮。揚棄傳統皮帶制式化的扣環結構，改採用杜邦研發的人造橡膠材質，讓皮帶從配角化身為畫龍點睛的重點配件，不僅耐用，還貼心地附有不費力的撥扣設計。它的拉扣方式是用類似鋸齒溝槽的鉤鎖方式來調整長度，調整的段數比較細比較多，就如同外觀設計一樣平順輕鬆。

創意設計

京東都きょうとうと

沒錯！你沒看錯，這品牌叫「京東都」，代表「京都」和「東京」，日語發音雷同但音節前後顛倒而已。這塊布料是取日本傳統的古都名「京都」，及現代繁榮的首都「東京」，合併來命名。布料上以紅線繡著不規則排列的漢字，而布的背景則利用京都的染色法，以如水墨畫般的畫風來呈現，結合文字及背景圖的相互關係，來表現日本的元素。

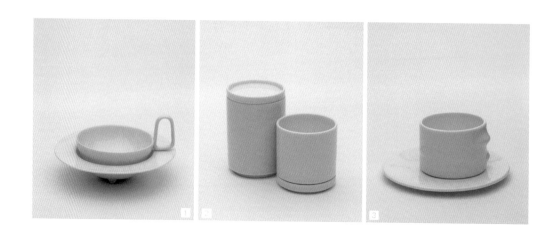

桌上的小建築（小さな建築）

aTIMONT的設計總監富田淳（Jun Tomita），邀請十二位赫赫有名的日本建築師，這次不是蓋房子，而是設計杯子。參與這項「桌子上的小建築」的建築師有伊東豐雄、青木淳、隈研吾、妹島和世、磯崎新、高松伸、坂茂、長谷川逸子……等等，這十二只素色瓷杯，算是另一次跨界創藝的演出。

1 青木淳的杯子（Tea for Two）和杯盤大面積的接合，提著個大耳朵，只上露小部份的杯緣。高而寬的盤緣如半個上星的土星環，也很像是可以分開組合成有著三個小腳的半個飛碟。創作概念是希望將茶的餘溫保存久一些。

2 磯崎新一高一矮的對杯，杯徑的大小面積形狀和盤面的大小面積形狀相同，可杯墊杯蓋雙用，因此接合的線條有時在上、有時在下，別有一番趣味。

3 伊東豐雄的圓盤圓柱作品（Bo），好似規距、卻又淘氣地突出二、三個小突起以方便抓握。創作概念來自日本茶器，沒有把手的設計，可以讓人雙手端著喝茶。

4 隈研吾的作品外形簡單，就是一個圓弧加上平平的圓，非常符合他一向的極簡風格。設計師藉著茶杯和茶盤的和諧組合來比喻人與人之間關係。

5 喜愛唐草紋樣的妹島和世展現女性建築師特質，在杯小盤大的杯盤上設計別緻的花朵紋樣。妹島特別希望設計多功能用途的作品，這個杯盤也可以用來裝茶點。

6 團紀彥在多邊形的盤子上，順著長邊方向，卡著上寬下窄帶著曲線條的橢圓杯，特別在把手處捏出三個凹口，剛好放進姆、食、中三指尖，等於是捏著茶杯喝水。創作概念來自設計的非對稱性思考。

7 長谷川逸子的作品有個尖尖的小杯蓋，和杯身結合成如被風吹斜的雨滴形狀。而把手設計在杯底邊，並不影響水滴曲線。

8 坂茂的作品外形好似一張方紙將杯子橫向切割成上下二段，其實杯子下方還有隱藏空間可以放砂糖或奶精，而下面的盤子還可以倒過來，蓋到杯口當杯蓋。

少年

來自韓國的年輕設計師，在Design Mart的小小booth充分展現了有趣的創意，命名〈少年〉正是要喚醒年輕時的好奇心。設計師手作風格鮮明的提袋，記事本小手冊，還有個小小紙夾，裏面擺著如筆芯般的小小蠟燭及火柴，每點一支大約維持五分鐘，隨時心情需要就可點上一支。「very happy 5 min candles」，享受短短五分鐘的快樂。

Eco x Art ：Okurin

這個設計作品是為了鼓勵循環使用收納袋，減少過剩的廢棄包裝。Okurin手作收納包有著兩根細長的耳朵或是稱之觸角，是由繪本《聖誕老人的失物》實體化的角色人物。耳朵處可以打結也有磁鐵的功能，可方便掛放提取，也可直立擺放。咧開的大嘴上的拉鏈是開口，有三種大小，而有兩種顏色、如寶特瓶可回收使用的PET材料，也曾獲得2007年Good Design 設計賞。

微風徐徐，走出神宮外苑，我想起插畫家奈良美智曾經提過：「創作的時候，喜歡享受作畫過程的各種樂趣。」的確是如此，在100% Design Tokyo現場和設計師近距離聊天交換心得，我深深覺得「設計」一定要先有熱情，才能創作出獨特而無法取代的作品。

100% Design Tokyo，明年秋天再見囉！また、あいましょう。

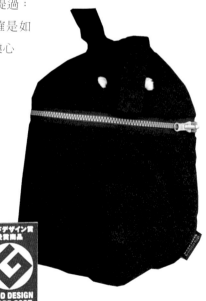

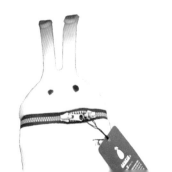

―延
　伸
　閱
　讀―

100% Design Tokyo 官網 http://www.100percentdesign.jp/
英國設計師Michael Young http://www.michael-young.com/
捷安特City Storm 自行車 http://www.giant.com.tw/citystorm.html
丹麥Normann Copenhagen http://www.normann-copenhagen.com/woofy/
丹麥設計師Gabriel Nigro http://gabrielnigro.com/
比利時branie時尚微調皮帶 http://www.branie.com/

美好生活設計——

二〇〇七日本 Good Design 設計大賞

晨光中醒來，推開窗，泡一壺Lupicia的早安津輕蘋果紅茶，美好的一天開始。

坐在我的小沙發，品嚐新摘的栃木縣番茄－赤の戀人，翻翻這一期《Brutus》，這是我在東京生活中點點滴滴的「小確幸」。

一直很喜歡「小確幸」這三個字的感覺，內心深處洋溢一種暖洋洋的平凡與喜悅。

對於生活中這些微小而確實的幸福，村上春樹在他和插畫家安西水丸合作的短篇散文集《蘭格漢斯島的午后》中稱之爲「小確幸」：例如：他覺得抽屜裡塞滿整齊折疊好的內褲，就是一種「小確幸」。

「小確幸な生活」，對於設計師而言，也許眞是一個值得好好探索的課題。

一把尺，一個衣架，一本戶口簿，都可以用心設計，也都需要設計。

東京藝術大學院映像研究科的佐藤雅彥教授致力於探究「溝通的種子」，他提出一個有趣的理論——「感動的芽」，他認爲溝通過程中，不能錯過在人類心中的那顆種子，才能讓「感動」產生「行動」。

創意設計

這種深入了解消費者的觀察力和細膩的感受力，正是設計師需要探究活用的基本功課。你將會驚訝於使用者的回饋，從中得到意想不到的啓發。

最近，朋友岡村離開一家日本大企業，和朋友合夥開了一家小小的工作室。之前去神樂坂參加他的溫馨開幕party，岡村特地準備老家靜岡的玉露煎茶給大夥品著，我們六個人各自拿著一個造型設計都不一樣的ファンシーカップ（Fancy Cup），三小時的聚會中，大夥完全不會搞混哪個茶杯是誰的。

其實，這款Fancy Cup是日本Good Design設計大賞得獎常勝軍——百年老店白山陶器的創新設計，這組作品不但獲得G-Mark大賞肯定，設計概念也非常傑出。森正洋大師設計的這六個對杯，有著同樣的高度及大小，利用杯壁上各種圓點、圓面，以及橫向圓柱內凹外凸的變形，形成優雅、柔和、簡潔的曲線造型。這些弧形的程度也恰好適中，不會有難洗的凹點死角。

這個獨特的設計概念，讓「杯子」不只有「喝」的基本功能，也有「視覺」和「觸覺」的新鮮體驗，當使用者手握這系列杯子時，就能以觸覺感受到形狀的不同。

除此之外，設計師也細心地考慮到視力及握力較弱的使用者：有了這些凹凹凸凸的手感，抓握比較不費力，而視力有障礙的人，也可以依手感來辨別形狀，能及時發現是否拿錯了杯子。Fancy Cup特別挑選天草陶石製作，胚土燒得薄勻而細緻，第一次拿起來時，你會意外地發覺比想像中來得輕盈許多。

手握著ファンシーカップ（Fancy Cup），品嚐一杯早餐茶，對使用者而言，眞是生活的「小確幸」。

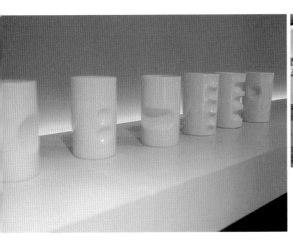

為了提升設計品質，鼓勵用心設計產品，而由日本產業設計振興會（JIDPO）舉辦的日本Good Design設計大賞，是亞洲最具權威性的設計大獎，與德國IF工業設計獎（International Forum Design）、紅點設計獎（Red Dot Award）及美國IDEA工業設計獎（Industrial Design Excellence Awards）並列為國際四大設計大獎。

創意設計

G-Mark設計獎項主要分四大類：「產品設計」（Product Design）、「建築環境設計」（Architecture & Environment Design）、「傳達設計」（Communication Design）及「新領域設計」（New Frontier Design），共展出約3000件入圍優良產品。今年評審委員長由設計日本和菓子老舖虎屋（とらや）在六本木Midtown新店鋪的建築師內藤廣擔任，內藤廣同時也是東京大學院教授，他的主要代表作品有三重縣鳥羽市「海の博物館」、「牧野富太郎紀念館」及長野的「安曇野ちひろ美術館」。評審團從3000件入圍產品中決選出Best 15最佳設計大賞。接下來就一起賞析最新的Good Design設計大賞作品。

最佳設計大賞（內閣總理大臣賞Grand Prize）

eneloop universe products, 三洋電機株式會社
設計師：三洋電機株式會社・アドバンストデザインセンター
　　　　（Advance Design Cneter）

最新發表的日本Good Design Best 15設計大賞，獲得最大獎（內閣總理大臣賞Grand Prize）的是三洋電機株式會社的eneloop universe products。近年來，溫室效應導致全球氣候的急劇變化，節能的議題，成為世界先進國家急待解決的首選。

「Eneloop」的品牌名稱本身就極具創意。「Energy」＋「Loop」的命名概念在於表達資源的永續循環。三洋電機的充電電池設計，讓電池閒置時仍能儲存80%的電量，2006年即曾獲Good Design大賞的肯定，這次是第二回以同系列新產品榮獲G-Mark設計大獎的認同。

今年得獎的系列共有四個新產品，第一個是太陽能充電器（eneloop solar charger）。取代過去靠插電獲取儲電來源的方式，設計團隊開發更為自然節能的設計，類似金字塔狀的角錐體可以方便地隨陽光照射的方向放置，而且可以透過USB線連接的方式將電力傳給其他外接裝置。

日本人冬天時對隨身懷爐需求量很大，這種搓一搓就可以發熱的暖暖包，其實是非常不環保的，根據統計一年消耗量大約18億包。三洋這款可以反覆充電500次的掌中溫暖包（eneloop kairo）及可攜式暖爐（eneloop anka），因為設計定位為非僅使用一次的消耗品，獲得了評審的青睞。此外，相對於傳統暖爐以油充填的方式，三洋的設計除了電力來源環保之外，也不會聞到滲出的油味。

充電暖暖包外形設計非常時尚，有白、黑、粉紅三種顏色可供選擇，充電時間約3小時，使用時間則爲5至7小時。此外，還設計有on-off開關，晚上睡覺不需使用時，可以關掉省電。而可攜式暖爐因採用充電式沒有電源線，而可以帶到戶外或移動時使用，並有防水功能。

另一種充電器則是直接安裝充電電池（eneloop mobile booster），透過USB連線將電力傳給外接裝置。這些延伸的周邊節能產品，使得以電池爲貯能的小型電器使用層面更廣、更具有延續性。

金賞 （經濟產業大臣賞Gold Prize）

Media Skin, KDDI+京セラ株式會社
設計師：吉岡德仁

設計師吉岡德仁認爲：「最貼近我們身體的產品，應該就是手機了吧。」因此，他希望設計出一款與身體完美接觸，就像肌膚一樣柔軟溫潤，強調觸感、具有吸引力的手機。同時，命名爲「Media Skin」。

曾爲三宅一生設計旗艦店的吉岡德仁，擅長嘗試新鮮素材，位於六本木公共藝術創作——〈雨中消失的椅子〉，是使用玻璃材質設計的椅子。這次爲au第六代Design Project設計的精品手機，則選擇一種特殊的材質來表達「Skin」的美感，在鮮桔和純白兩款作品表面使用特殊的混和矽粒子塗料處理。

Media Skin這款手機也可以收看數位電視，消費者可使用26萬色QVGA OLED 螢幕來收看ONE SEG數位電視，同時也可以下載Lismo Video Clips多媒體欣賞影片。此外，還可以支援搭乘電車的儲值卡、電子錢包等功能。

Best 15－乳房X光攝影檢查系統
X-Ray Mammography System，東芝株式會社

設計師：東芝株式會社 設計中心

日本每年約有一萬名女性死於乳癌，由於對乳房檢查不安與害怕疼痛，許多日本女性畏懼乳房的健康檢查。這款由東芝株式會社自行研發的乳房X光攝影檢查系統（X-Ray Mammography System），希望可以提高女性乳癌篩檢率。設計師貼心地以日本女性的乳房形狀設計符合人體工學的測量系統，可以讓日本女性在檢查時，減少不安感及壓迫的疼痛感。

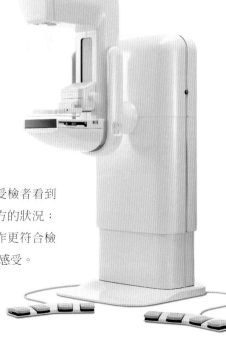

另外，在進行乳房檢查時，負責的操作技師可以和受檢者面對面地互動，如此可以讓女性受檢者看到操作方式，不同於傳統機器檢查時，看不到對方的狀況；因此，可以讓彼此在受檢時及時溝通，而使操作更符合檢查的需求，讓冷冰冰的機器，有了人性化的溫暖感受。

Best 15－ 建築環境設計STYIM, アスコット株式會社

設計師：伊東豊雄

這棟位於東京日本橋大傳馬町的出租公寓，外觀上做了很大突破。

擅長打破傳制式化窠臼的建築師伊東豐雄，這次以不規則造形結構空間，讓整棟公寓有了不同的表情。從外部觀看整棟大廈，是一種新奇有趣的視覺經驗：一方一方的外部窗框，採用寄木細工材質，每一戶的寬度及挑高高度各是1層樓、1.5層樓和2層樓，不規則地互相交錯。

STYIM這棟高級出租公寓，規劃有55個住家空間，內部共有18種不同種類的空間格局，提供住戶多樣化的選擇。每一間房間都有獨特的造型，住戶可以自己挑選需要的內部設計。此外，室內採用沒有樑柱的設計，並且考慮到住戶儲藏空間的需要，以及日常生活動線的便利規劃。

Best 15－ Wii, Will Remote, Nunchuk, Classic Controller，任天堂株式會社

設計師：任天堂 綜合開發本部 Design Group

根據《富比士》雜誌報導，受惠於Will遊戲機席捲全球，大賣兩千萬台，任天堂的市值已躍升到790億美元。任天堂現任社長岩田聰曾經提到：「對於我來說，能讓顧客驚喜，是最快樂的事。」Wii使用無線搖控直覺操作的電動遊戲機，降低了遊戲操作的複雜度，讓不同年齡、性別的人，都能輕鬆上手、一起同樂。

除了遊戲機的功能外，Wii也規劃成爲家庭網路資訊瀏覽器，顧客能從中獲得新聞氣象資訊，也可以當作家人間留言溝通的工具。同時，設計師希望這個白色、簡潔的小四方設計，能讓家庭使用者——尤其是媽媽——願意把機器放在客廳，不用擔心客人看到會覺得礙眼，或是破壞客廳整體美感。

中小企業廳長官特別大賞
和風照明《古都里－KOTORI》，日吉屋株式會社

設計師：東京Design Party 長根寬

這個和風照明燈具，結合千年歷史的京和傘製作技術；設計師將竹骨幾何學構造的細緻美學，透過和紙柔美的光影顯現。以竹子及和紙爲燈罩材質，並且考慮使用者收納需求，設計細節中有一個如京和傘的竹架，可以展開或收起。這巧妙的設計，融入日本和風美學的素樸精神，也能夠節省空間，同時具有機動性及便利性。

創意設計

中小企業廳長官特別大賞
住院兒童手術說明準備繪本，O・Creation

設計師：O・Creation 恩田浩司

想想看！對於要進開刀房的小朋友而言，「動手術」這件事是不是很恐怖？該如何向他們說明？這個用心良苦的兒童繪本，是特別設計給即將要動手術的小朋友看的圖畫書，希望可以讓小朋友明白手術的過程，而不會有未知的恐懼感。

繪本內頁以全頁的圖畫來介紹進行手術的過程中，會逐一碰面的醫師及護理士等人，作為劇情大圖的客觀解說。而下角的小圖是以小朋友的主觀視角為方向的圖說。小朋友可以想像躺在病床上接受手術的情形。大圖的文字，以簡單的敘述及對話來說明手術中的每一個步驟。整體繪圖風格以可愛的電腦3D圖畫表現，讓小朋友感覺很親切，是一個思考細膩的設計。

中小企業廳長官特別大賞
手ぬぐい本（手帕書），濱文樣

設計師：濱文樣 創作總監 加藤和美

手拭い（てぬぐい）是日本的傳統手帕，它的用途多元，可以擦手、擦食器、綁在頭上做頭巾等等。這本和風書，是以日本傳統染色技術及特殊印刷方式製作成橫濱式風格的濱文樣手帕，再將手帕集結成手帕書的和風逸品。而手帕書還分不同的系列，如「和犬」、「御茶」……等，設計師也會隨著四季變換手帕書的主題，是一種介紹日本傳統文化的精緻表現。

中小企業廳長官特別大賞 弧印（Koin），rod · works

設計師：rod · works　戶塚裕則

一般傳統印章的印面與蓋印方向呈垂直狀，蓋印時一按在紙張上，力量就會分散。若紙面和印面沒有貼得很好，印出的字斷斷續續，不但不好看，也增加了辨識上的困難度。而這款印章將印面做成斜面，並呈輕微的外凸，因此蓋印時順著圓弧面施力，每部份都有足夠的力量，能印出不會有缺口或筆劃中斷的章。

印章，一個看來微不足道的小細節，都值得設計師用心思考解決使用者的問題。美的學習，如果不從創意的生活體驗開始，很難創造令人感動的作品。

創意設計

台灣居住環境與空間景觀混亂吵雜，缺少美的氛圍，說明了我們的美感價值觀和美學意識嚴重匱乏，很需要在公共與私有的領域中，推動公民美學運動。

此外，忽視使用者的需求是台灣許多品牌共同的問題。設計既然是為了解決使用者問題，那麼就應該好好研究使用者的需求，尤其應該規劃跨領域的人因工程與感性工學的深度調查。

台灣的中小企業並沒有能力做這些跨領域的研究，政府相關產業的主管機關，不應該各自為政，應該思考整合跨領域心理學家、文化人類學家、社學學家等等的專長與智慧，規劃長期有效的使用者深度研究，找出讓消費者感動的「芽」。

設計師原研哉在《設計中的設計》一書中曾經提及：「在這小小的地方裡，溝通的種子在沉睡。」

夕陽餘暉，我從目黑川散步回家，緩緩地品嚐這一天生活中的「小確幸」。

Good Design Award 官網 http://www.g-mark.org

白山陶器 http://www1.ocn.ne.jp/~hakusan/home.htm
南青山HAKUSAN SHOP（白山陶器東京Show Room）
地址：東京都港區南青山5-3-10
電話：03-5774-8850 傳真：03-5774-885

JR感動行銷——

細節競爭力

九月初秋清晨，小倉城涼爽的空氣中，有一種甜甜的幸福感。我搭上了JR的「由布院の森」觀光列車——九州為了發展「由布院」這座美麗的小山城而設計的頂級旅遊新幹線，從博多出發，兩個鐘頭的六星級細膩服務，讓來自世界各國的旅客在這趟「由布院小旅行」中，驚喜地感受到JR民營化後的「細節競爭力」。

上午9:00一分不差，九州綠精靈「由布院の森1號」觀光列車緩緩由軌道準時進站，排列整齊的清潔人員，迅速又有效率地將車廂清理乾淨，有條不紊地以嶄新舒適的列車再度歡迎旅客搭乘。挑高的綠色車廂設計，讓旅客不僅可以自由自在地欣賞移動的山谷清新風景，更有濃濃的歐洲鄉村田園風味。原木地板有一種自然森林的溫暖手感，高雅的墨綠色座椅、復古的造型燈罩、古銅色「Yufuin no mori」Logo設計及精心規劃的Saloon車廂服務，一半是視野絕佳的展望室，另一半則為餐車，在硬體設備上，呈現給旅人浪漫獨特的美好體驗。

上了車，「由布院の森」旅程中提供的細膩服務，更是別出新意，好戲還在後頭。

左：「由布院の森」觀光列車的歐風餐車設計。

右上：限量販售精緻的由布院設計師商品。

右下：親切的服務員正在說明車窗外景點，深具巧思的「文字の案內」服務。

在長途列車旅行中，眼前飛馳的景色總是在瞬間流逝，來不及拍下好山好水，往往錯過許多精采風景。無微不至的「由布院の森」觀光列車，在途經知名景點時，親切的女性服務員會貼心準備說明文字介紹沿途特色。這個深具巧思的「文字の案內」，正足以說明獨特的服務競爭力就在看不見的「細節」裡。

此外，「由布院の森」列車上販賣設計師限量設計的精緻卡片與造型商品，行銷「由布院」地域文化特色，每個作品都令人愛不釋手。在列車即將抵達終點前，隨車服務員還會拿出超可愛的車長帽和超迷你紀念列車廂出來，提供旅客拍攝紀念照片。每一位旅客都能對這趟旅程留下難忘的回憶。

這些獨一無二的貼心服務，不但成功打造「由布院」這個小城的觀光價值，同時也讓九州小城「由布院」深受日本女性青睞，榮登日本女性旅客最喜愛造訪的旅遊地點排行榜。

剛剛邁向民營化20年的JR日本旅客鐵道株式會社，前身是「日本國有鐵道社」。1872年（明治5年）10月14日，新橋到橫濱間的聯絡鐵道開始營運，這是日本第一條鐵路。1964年（昭和39年）10月結合智慧與技術的東海道新幹線——東京到新大阪——正式通車：配合東京奧運盛大舉行，時速200公里以上的子彈列車高速飛馳，同時也開啟了日本經濟高度成長的里程碑。高速鐵路對日本社會的影響，除了一日生活圈的形成，通勤族增加，以及降低環境汙染等等，同時，對沿線都市觀光經濟也帶來立竿見影的加速發展效果，從此日本正式進入高速社會。

1987年日本國鐵分割為七家民營化公司，營運成本大幅下降，載客率與貨運量也逐年成長。JR感動行銷策略，深深擄獲消費者的認同，精緻動人的四季旅遊商品，春櫻、夏祭、楓紅、冬雪，多采多姿、美不勝收。JR不僅縮短城鄉距離，更是里山之美的行銷功臣。

此外，日本新幹線列車平均誤點不超過0.4分鐘，四十多年來新幹線從未發生過因為系統缺陷所造成的乘客死亡事件。JR民營化後更脫胎換骨，打破傳統以「製造者」觀點出發的4P行銷策略，進而發展到從「消費者」出發的4C服務思考，成功地將曾經負債高達37兆日圓的日本國鐵，搖身一變成為極具競爭力的民營企業。接下來就分別從4C服務行銷分析：

一、產品策略（Product Strategy）→ 消費者需求策略（Consumer Strategy）

1.創意列車命名

JR在硬體設備方面持續不斷創新，了解消費者需求，開發各式各樣細膩的產品設計，期望讓旅客有一趟舒適愉悅的旅程。首先，從列車命名開始，以「希望、光、回音」來命名，就很有新意與未來感。新幹線依照速度與價錢共有三種等級，例如：「望み」（のぞみ，nozomi）中文翻譯為「希望」，以及「光」（ひかり，hikari）與「回音」（こだま，kodama）。在產品命名上，饒富深意。

2.產品持續推陳出新

日本新幹線列車技術發展一直不斷推陳出新，除了車體輕量化與提昇列車舒適性之外，剛剛才慶祝全新通車的新一代N700東海道‧山陽新幹線，設計概念更從高速性、快適性、環境性與節能性出發。這系列新幹線特別開發「傾斜列車裝置」，利用車身向內側傾斜，提高列車轉彎的速度，縮短行車時間。此外，700系列車體採用與飛機同等級的隔音裝置，提供旅客安靜的車廂環境，也獲得2007年度日本Good Design設計大賞的肯定。

3.無微不至的通用設計

仔細觀察新幹線列車，有許多細膩的通用設計，以容易理解的操作方式，簡明易懂的說明，超乎期待的功能規劃，讓上班族、男女老幼，行動不便的旅客，都能享受一趟舒適的旅行。

a. 座位旁邊的貼心掛勾

b. 多功能會議室

c. 筆電插座，高速移動辦公室

d. 上層行李架鏡子，確認行李安心裝置

e. 不想被廣播打擾的靜音車廂

f. 行動不便旅客的通用設計

二、價格策略（Price Strategy）→ 消費者願意支付成本策略（Cost Strategy）

日本新幹線在價格策略的思考上，以消費者願意支付的成本為出發點，除了固定售價之外，還有針對各族群推出的特惠價格車票，以增加淡季及非高通勤時段的營運收入。例如：

1.JR PASS日本國鐵周遊券：新幹線票價所費不貲，連日本人都會覺得很心疼，但如果是以「觀光」的目的來到日本，可以先在日本國外購買專為觀光旅客設計的Japan Rail PASS日本國鐵周遊券，經濟划算，並可以帶動地域振興，而非只在大都會消費。

2.大人の遠足俱樂部：為迎接高齡化社會推出「大人の遠足俱樂部」，提供五十歲以上熟年世代購票優惠及周邊產品會員折扣。

3.青春18切符：這是一種在日本已經發行數十年歷史的鐵道慢遊旅行方式。旅客可以非常便宜的票價購買五次JR乘車券，搭乘普通列車，慢慢悠遊閒晃日本海沿岸，並且只在暑假、春假發售。

4.夫婦88：最近JR新推出一個有趣的促銷方案——Green Pass，夫婦（兩人）加起來若有88歲，除了可享有票價優惠，還可以升等新幹線Green Car（商務艙）。

三、通路策略（Place Strategy）→（消費者便利策略）Convenience Strategy

為考慮消費者便利性，旅客購買JR車票可以依據個人需求，透過網路、電話、手機或遍佈各地的服務櫃台與售票機購票。在關東地區，JR東日本規劃有SUICA卡（Super Urban Intelligent Card），在日語中有通行順暢「スイスイ行」的意思，此外發音也和すいか一樣，暱稱西瓜卡，代言的吉祥物是一隻可愛的企鵝，由版畫家坂崎千春設計。JR在西日本則設計一個可愛的ICOCA卡（IC Operating Card），這是SUICA卡的關西版，日文讀做i-co-ca，和關西腔的「走吧！」發音相同，鴨嘴獸I-Co是ICOCA卡的吉祥物，由漫畫家夏野向日葵所設計，讓旅客覺得很親切。

四、促銷策略（Promotion Strategy）→傳播策略（Communication Strategy）

JR的行銷傳播策略一直不斷推陳創新，品牌溝通部分，在JR月台到處可以見到影壇永遠的玉女——吉永小百合——代言的「大人の遠足」系列旅行廣告。吉永小百合優雅的身影，自由自在地搭乘JR旅行散步——這是一個非常成功的品牌溝通。

除了Above the Line大眾媒體宣傳之外，below the line的小眾傳播也很有創意，除了結合四季流轉、各地祭典、當季旬物之外，JR設計的DM宣傳物，處處可見巧思，每每觸動旅人的心，想要立刻背起行囊去旅行。

例如位於九州鹿兒島縣、罕為人知的南部小島——霧島，曾邀請日本知名設計師日比野克彥造訪，並在JR九州列車上的免費雜誌上刊登這趟有趣的旅行，以及日比野克彥在霧島藝術の森的藝術展，還有他在小學指導當地小朋友創作畫畫的過程，以生動活潑方式宣傳鹿兒島，讓人印象深刻。

此外，駅長（車站站長）也是JR靈活運用的宣傳資源，在各個觀光旅遊中心，常常會看到厚厚一本JR旅行宣傳物，詳細整理各個車站站長推薦的景點或地方美食，是一種有趣的傳播手法。

事實上，如果用心觀察日本JR的細膩服務與感動行銷，可以發現他們認真做好自己崗位的工作態度；如果有機會搭乘JR列車第一節靠近駕駛附近的車廂，還可以看到駕駛一路上不厭其煩地念念有詞，途中遇到每一個信號都會比手畫腳一番，日文叫做「指差確認喚呼」（しさかくにんかんこ），其實這是JR安全手則的標準作業流程，駕駛人員用心地確認安全無虞，減少錯誤的發生。

在「由布院の森」觀光列車上，我注視著月台認真的工作人員，正聚精會神地確認「指差喚呼」的每一個標準動作，讓我深受感動。服務的競爭力，其實就在於做好每一個看似微不足道的「細節」。

一
延
伸
閱
讀
一

JR「由布院の森」觀光列車 http://www.jrkyushu.co.jp/tokyo/train/yufuin.html
日本JR新幹線N700官網 http://n700.jp/
青春18 http://www2s.biglobe.ne.jp/~sakana/
JR東日本SUICA卡 http://www.jreast.co.jp/suica/
JR西日本ICOCA卡 http://www.jr-odekake.net/guide/icoca/

SoftBank・白戸家のお父さん

夏天即將來臨前，去了一趟三軒茶屋小旅行，傍晚回到神奈川櫻木町看夜景。我和杉山一邊聊著天，一邊打開手機，收看富士電視台的「SMAP x SMAP」。當下十分感謝SoftBank手機有ONE SEG行動電視的無料服務。

根據尼爾森最新公佈的2007年亞太地區廣告統計，日本是全球第二大廣告市場，僅次於美國，廣告總額近608億美元，市場競爭十分激烈。尤其日本消費者喜新厭舊，因此新商品推出又快又多，平均一個月大約有3000支新廣告上市，廠商無不使出渾身解數來吸引消費者的眼球。於是，有些商品被看見、被討論，但大部分商品在市場淘汰下，就自然消失了。

因此，研究擄獲消費者目光的成功廣告，是我在日本開心的「to do list」之一。

日本消費電子商品日新月異，提供現代生活快適便捷的各種服務。但在眾多商品中，哪類產品廝殺最激烈呢？

如同百貨公司貢獻度最大的是女性化粧品市場，因此多將化妝品專櫃設在一樓，讓顧客方便選購。日本的大型電器屋，也早就將一樓賣場改裝成各大品牌手機專櫃服務，手機大戰明顯白熱化。

喜歡聽龐克搖滾的日本廣告教父、電通廣告執行創意總監鏡明，在接受廣告雜誌專訪時提到，「廣告創意就在生活細節中」。真正感動人的大創意，來自每個人的日常生活，能抓住這點，才能引起廣大的共鳴。

「SoftBank・白戸家のお父さん」

あー家族。

ホワイト家族24

ホワイトプラン(月額980円)で家族割引に入ると、家族への国内通話が24時間無料！
しかも!! 家族以外でもソフトバンク同士なら、1時～21時までの国内通話が無料！

○TVコールは上記に記載の通話の対象外となります。「ホワイト家族24」とは「家族割引（ホワイトプラン）」の通称です。くわしくは総合カタログまたは、店頭スタッフまで。

SoftBank

最近，SoftBank（軟體銀行）手機電信公司推出一系列幽默創意廣告——「白戶家のお父さん」（白戶家的父親大人），值得創意人仔細解讀其中打動人心的關鍵密碼。

日本手機市場，在2006年3月SoftBank以1兆7,500億日圓天價購併Vodafone日本分公司之後，目前大致呈現三強分立局面：第一大品牌的 NTT Docomo，第二大的AU KDDI，以及第三名的SoftBank。近來SoftBank用戶大幅成長，主要歸功於創意的行銷模式。

品牌形象廣告方面，SoftBank重金禮聘國際巨星布萊德彼特、卡麥蓉狄亞茲，型男美女代言時尚手機。此外，在各式各樣的促銷方案方面，有針對學生群的免費「ホウイト學割」（學生折扣專案）、家人通話免費的「ホウイト家族」（白色家族專案）……通通都交給「白戶家のお父さん」這隻擬人化的北海道犬。

SoftBank這系列引發日本消費者熱烈討論的廣告影片，描寫發生在虛擬的白戶家族的心情故事及幽默對話。發音和「white」相同的「白戶ホウイト」家族一家四口：以在SoftBank上班的上戶彩爲中心，還有白狗爸爸、樋口可南子媽媽、黑人哥哥。

最神奇的是，四個家族成員，怎會突然蹦出個黑人？之後更誇張地讓白戶家的父親以「白狗」形態出場。這幽默奇怪的一家人新鮮組合，在廣告中上演生活點滴及幽默對話，經常讓人捧腹大笑。

廣告剛開始推出第一支時，上戶彩飾演的是SoftBank的業務人員，黑人哥哥則是會社社員的打扮。其他成員角色則隨著劇情變動，媽媽後來成了中學校長，白狗爸爸成了中學老師。

隨著近來這一波日本寵物熱潮，日本消費者對狗狗的好感度大幅提升。

很快地，社會大眾的注意力，從上戶彩轉移到那隻白色北海道犬「カイクン・Kai君」身上，「它」快速走紅的程度，竟然還另外單獨出了寫眞集呢。這隻超人氣的白狗，成了SoftBank不可或缺的品牌資產，在各門市店頭都可以看到「Kai君」的身影，相關延伸商品更是大受歡迎。

白戶家的故事可以繼續寫、繼續發生。

繼「カイクン・Kai君」白狗大獲成功之後，電通廣告的創意人員開始招募白貓，要以五隻白貓促銷其他新的優惠方案。

以最近一支很有內心戲的「同學會」篇為例：

在一個老朋友同學會聚餐場合——
中年男子甲：「沒想到你成了律師。」
中年男子乙：「你當了老闆才厲害咧。」
中年男子甲：「可是更萬萬沒想到，有人竟變成了白狗。」（望著一旁的白狗爸）
白狗爸：「這又不是我自己願意的。」
中年男子乙：「要不是我們講出來，我想你自己都沒發現。」
中年女子（趕緊緩和氣氛）：「啊！可是他的眼神跟以前一樣，一點都沒有變哦。」
白狗爸：「齋藤小姐，妳……」（白狗演出內心戲）
（輕柔感人的鋼琴背景音樂響起）
中年女子：「真的喔。」（很認真地笑著說）
白狗爸回想起齋藤小姐還是年輕學生時的清純模樣……
（畫面出現齋藤年輕時的照片，背景櫻花盛開）
同學會正要結束，眾同學們起身在宴會門口準備離開。
（字幕：網內互打，晚上九點前國內通話免費）

中年女子：「那麼，要繼續聯絡喔。」
中年男子乙：「只要是朋友，講電話都是免錢的。」
中年男子甲：「可不是嗎，完全都不用考慮囉。」
白狗爸和眾同學一起離開。

回到家裡。
媽媽：「同學會怎麼樣了？」
白狗爸：「喔……」（陷入回憶的沈思中）
彩妹妹：「很愉快嗎？」
白狗爸：「嗯……」（陷入回憶的沈思中）

這支很有韻味的同學會篇，有趣又有感情，對邁入中年的昭和世代來說很有共鳴點。

另外一支「校長」篇也很幽默──

在一間中學的教師辦公室裡，白狗爸在課桌前當面質問一位學生。

白狗爸：「你知錯了嗎？」

學生：「是的，老師。」

白狗爸：「那為什麼還要用呢？」（指著桌上的手機）

學生：「因為白色計劃不光是三年的基本話費都免費……」

白狗爸：「不只……免費……」（字幕：網內互打，晚上九點前國內通話免費）

學生：「……而且只要是和朋友互講，也都是免費的，實在是太棒了。」

白狗爸（大聲喝斥）：「這麼沒意志力！」

學生：「對不起。」

門一開，有人進來，莊嚴神聖的背景音樂響起，二人不禁向門口一望，媽媽手捧著資料冊，盛氣凌人地走進門內。

媽媽：「只靠發脾氣，是不能教好學生的！」

白狗爸：「媽媽，妳來啦。」

媽媽（很慎重的表情）：「在學校請叫我校長。」

白狗爸：「是，校長！」

回到家裡。

白狗爸：「校長，飯煮好了沒？」

媽媽：「在家裡就別叫我校長啦。」（很溫柔）

白狗爸：「是，校長！」

（媽媽僵著臉，斜眼瞪著白狗爸）

白狗爸：「真是麻煩啊。」

這支廣告以生活點滴來描述男人不懂女人，感覺上每個家庭都有這類溝通問題。

最後一支「旅行的父親」篇，則是我個人最喜歡的廣告。

創意設計

這支很有詩意的動人廣告，以長達60秒的長度來醞釀昭和時代的懷舊氣氛，對白極少，背景音樂以曾經紅到翻的老歌「いい日旅立ち」（出發的好日子）做貫穿。這首山口百惠唱紅的歌曲，由谷村新司作詞作曲，描寫一個人去旅行的心情，表達在人生旅程中，重新歸零再出發的心情。這首歌，有時候會在日本的畢業典禮或結婚典禮中拿出來播放。

這首歌多年前曾被日本國鐵（JR新幹線前身）作為旅行廣告背景音樂，對於昭和世代而言，是一首很有感情又熟悉的老歌。現在，如果搭乘JR新幹線N700希望號，當車廂內站務員要透過廣播向旅客傳達事情時，也會先播一句這首曲子的旋律作為開場，更顯示這首歌在日本人心中的意義。

廣告一開始是這樣的……

白狗爸由廣島須波車站緩緩走出，搭配他一個人去廣島旅行的獨白。

漫步小巷古道、穿梭寺廟鄉間、巴士站躲雨、被路過車子濺到積水，有著自我放逐、歷經滄桑的悲壯詩意。終於，搭渡船到了溫泉旅館，在海灘看著夕陽餘暉，在瀲瀲波光中，有一名女性緩緩掏出手機的柔美身影……

這時白狗爸的手機聲突然響起——
媽媽：「你跑到哪裡鬼混去了？！」
白狗爸：「啊，真抱歉。」

白狗爸美好短暫的自我放浪，被重新拉回到現實。

「白戶家のお父さん」廣告大受歡迎，銷售業績也扶搖直上。SoftBank已經連續十二個月，每月新增客戶合約數都蟬連第一名，白戶家族系列廣告也成為去年好感度第一名的廣告，黑人哥哥甚至打敗了木村拓哉，勇奪CM總合研究所公佈的「2007廣告藝人部門好感度排行榜」的第一名。

此外，最新公布的2008日本文案協會（Tokyo Copywriters Club）廣告大賞，年度最大賞（Grand Prix）也是頒給「白戶家のお父さん」系列廣告作品。根據華爾街日報公布的最新調查，SoftBank（日本軟體銀行）榮獲日本創新企業第二名，僅次於任天堂。

這波強勢宣傳，讓其他競爭對手毫無招架能力，打得 NTT Docomo即使請了八位大明星（淺野忠信、長瀨智也、妻夫木聰、瑛太、吹石一惠、土屋安娜、蒼井優、北川景子）共同來代言，在2007年營業額結算竟然還呈現負成長，不得不在最近更換CIS識別系統，重新包裝。

事實上，由於日本手機費率的計算方式很複雜，消費者往往搞不大懂，白狗系列廣告將白色計畫的優惠方式，以簡單一句話的說明，並且藉由廣告幽默方式不停地反覆強調，在消費大眾腦海中建立了深刻的印象，正是廣告奏效的關鍵。

這也符合一個好創意應該具備的R‧O‧I‧三要素──Relevance（關連性），Originality（原創性），Impact（突顯性）。

放眼未來，蘋果電腦全球備受矚目的手機第二代 iPhone 3G，在日本地區交由SoftBank銷售，勢必造成日本手機營運模式的改變，打破長年以來，由通訊業者聯合壟斷國內獨有的2G規格。讓我們拭目以待SoftBank屆時會以甚麼新鮮怪招來宣傳Apple iPhone 3G吧！

最後，讓我們再來回味這首昭和老歌〈いい日旅立ち〉（出發的好日子）──

せめて今日から一人きり、旅に出る

ああ　日本のどこかに
私を待ってる人がいる

いい日旅立ち　幸せをさがしに
子供の頃に歌った　歌を道連れに

今天，開始自己一個人出發去旅行

啊！在日本的某個地方
有個人正在等待著我呢

這是出發去旅行的好日子，一邊追尋幸福
　一邊唱著年少時唱過的歌……

—延伸閱讀—

Softbank http://mb.softbank.jp/mb/

東京
Tokyo

Chapter 4

地域再生

横濱是個很有魅力的城市，我希望促成市民協力參與，打造橫濱未來。

——橫濱市長 中田宏

城市文藝復興——

横濱・開港一百五十年

夏天的東京灣，湛藍的天空，掛著幾朵白雲，橫濱赤レンガ倉庫的Café Madu，我聽著桑田佳佑迷人的嗓音，哼著〈明日晴れるかな〉：

明天還是會晴天吧？在遙遠的天空……

很喜歡「南方之星」的歌聲，聽了很舒服，感覺充滿朝氣，總是讓人可以找到繼續在東京打拼的力量。

「橫濱」這個生氣蓬勃的城市，也正在努力打拼、積極地脫胎換骨。

建於1911年的橫濱紅磚倉庫（橫濱赤レンガ倉庫），是明治時代的磚造建築。這裡曾經是橫濱重要的關稅倉庫，後來一度閒置荒廢。在橫濱市長中田宏提出的都市再生願景——「打造文化藝術創造都市：Creativity City, Yokohama！」之後，結合一系列「振興港灣繁榮與文化空間」的創新政策，讓橫濱紅磚瓦倉庫成為橫濱熱門的觀光景點。

地域再生

地域再生

遼闊的濱海廣場上的三層紅磚倉庫，經過百年歷史，紅磚瓦外觀的質地變得斑駁，色澤深淺不一。黑色屋頂的斜面像是向外延伸的山脊，屋頂上的避雷針也有著古意的細節裝飾。

這個珍貴的歷史建築，外觀結構沒有改建太多，在1號館原址，保留了磚庫鐵門和運送貨物的斜坡道，遊客可以參觀見學紅磚瓦倉庫的歷史藝廊，欣賞當初建造時的樣貌。而2號館內部則搖身一變成為購物中心和音樂餐廳及公園廣場，販售許多「橫濱限定」的特色商品。

此外，2004年通車的港區未來21線（みなと未來21）「馬車道」車站內的大面壁飾，也裝置著紅色磁磚，宛如紅磚屋。而牆上一個個展示的凹框，掛著由當時舊第一銀行金庫拆下來的各種營運器物，有金庫防盜門、保管箱及欄杆等舊設施，門上還有數字轉盤，是一種很有趣的公共藝術實驗。這個車站是知名建築師內藤廣的設計作品。

浪漫的橫濱，處處可見藝術活化的用心規劃。乾淨的街道，完善的旅遊資訊，讓旅人彷彿在歐洲街頭散步，是一個很有魅力的創意城市。

例如位於本町、連接橫濱與關內的馬車道。開港初期，這條道路因為有外國人的馬車穿梭而得名。懷舊的瓦斯燈，西洋風建築，橫濱市政府成功善用地方文化特色，創造新的經濟價值。

馬車道上有日本最古老的瓦斯燈，一張黑白照片標記著瓦斯燈的昔日風華，讓人感受時光的變遷。路旁保留了明治時期使用的馬車，路邊還有供馬兒休息飲水的飲水台，看來像是舊式沒有水龍頭的洗手台，也很有寓教於樂的創意。

而在行人休憩的座椅椅背、電話亭的指示牌、人行道上的磁磚、瓦斯燈桿，甚至十字路口的交叉點上，都設計有一個馬車的造型圖案作為歷史步道的視覺標誌。這些細膩的街道家具（Street Furniture），在城市規劃思考上，非常值得參考借鏡。

地域再生

轉個彎，馬車道斜對角三角窗，舊第一勸業銀行的建築，是另一個政府結合民間
力量，有市民協力參與的「文化藝術創造事業」。

原址為「舊第一勸業銀行」的這棟昭和初期歷史建築，位於兩條大通交會口，但
交會不是直角而是銳角，因此，形成造型有趣的長條形建物，正前方為交叉口，
左右兩側的窗戶映照的都是大通的奇特景象。

銀行外觀是石階建造的半圓形入口，下層三面大門和上層四根圓柱相互對應，支
撐著挑高空間的半圓形陽台。進入室內，幾盞垂下的吊燈照耀著挑高的市民休憩
空間，天花板裝飾，圓弧頂的窗架，大量應用圓與方幾何形狀的搭配，修飾這棟
建築的細節，流露著濃濃的近代西洋古典風格。

橫濱市府為了活用這棟歷史建築，2004年對外公開招募民間團體來管理營運，最
後由「BankArt 1929」雀屏中選。一個週末午后，我特地造訪「BankArt 1929
Yokohama」，執行長池田修先生在百忙之中詳細說明，讓我幸運又意外地上了
「NPO的經營管理」寶貴的一堂課。

走出「BankArt 1929 Yokohama」，熱心負責的吉田小姐牽著腳踏車，一路陪我們散步到另一個新藝術據點，由日本郵船倉庫改建的「BankArt Studio NYK」，她妮妮道來「BankArt 1929 Yokohama」的歷史，細數這一路上她們辦過的活動──城市藝術家駐市交流創作、五月非洲開發高峰會議、2009年的橫濱開港150週年……等等。

年輕的吉田和認真的池田修先生，都有「安安靜靜做大事」的堅定眼神。

於是，我彷彿明白「橫濱」這個二線城市，為什麼這樣有元氣？

身為東京這個超級國際大都市的鄰居，「橫濱」的「文藝復興策略」，讓衛星都市找到地域再生的關鍵施力點。

「橫濱」這個名稱的由來是「橫而長的海濱」。面對東京灣，距離東京不到30分鐘車程，2002年世界盃足球賽舉辦場地，三百六十萬人口的橫濱，是僅次於東京的人口第二多的城市。日本近代化工業發展中的四大工業區之一的「京濱工業區」就在橫濱，在日本最年輕的市長中田宏上任後，企圖從重工業都市轉型，打造映像文化都市。

16世紀的幕府鎖國，在西方歷史家中的眼裡，是一個與世隔絕的封閉社會。1853年黑船事件，船堅炮利的美國艦隊，敲開了日本大門。1859年，德川幕府末期橫濱正式對外開港，2009年，即將盛大迎接開港150週年。

在《未來社會の設計──橫濱の環境空間計畫を考える》一書中，橫濱市開港150週年·創造都市事業本部課長中野創，提到橫濱的創造都市戰略分別為：（1）吸引文化創意人才；（2）促進映像文化產業聚集；（3）觀光經濟振興及豐富市民生活。

地域再生

橫濱的創造都市戰略

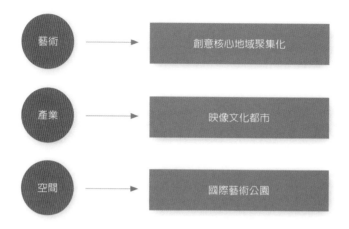

橫濱市政府規劃在2009年開港150週年前,建設完成國際藝術公園(National Art Park)。這幾年曾舉辦橫濱雙年展、東京藝術大學院映画展、神奈川動畫展……等活動累積經驗,積極發展創意產業經濟。歸納橫濱都市再生的成功關鍵如下:

1.Civil Society x 市民協力

中田宏市長的革新戰略主要在於願景與方向的制定,市府的組織架構也因應打造「映像文化都市」的市政目標,特別設立「創造都市事業本部」,旗下分別負責「150周年紀念事業推進課」、「創造都市推進課」及「戰略事業誘致課」。

開港150周年其中一項重頭戲,就是將在2009年6月2日舉行盛大開港紀念式,為了鼓勵市民協力與認同,負責總策畫的 監製宮本亞門,還邀請市民提供點子並回答問卷參加抽獎,例如:「請用一句話形容橫濱的形象」、「和橫濱相關的電影、書籍、漫畫、歌曲中,你最喜歡的是……?」、「你希望橫濱的未來如何?」……獲得市民熱情參與,主辦單位也定期將市民意見更新在橫濱市府官網,讓開港150周年系列活動可以讓更多市民參與協力,共襄盛舉。

另外,在橫濱市官網有十分完整的市政資訊,尤其有趣的是非常有親和力的中田宏市長,不僅公開他每日行程、交際費明細,甚至還可以預約市長一起用餐,邊吃咖哩邊聊天。

2.Revitalization x空間活用

橫濱市非常懂得善用歷史空間,積極將之規劃為國際藝術村或創意產業工作室,例如:北仲Brick/White藝術公寓已進駐50位藝術家,和台北市政府也持續進行藝術家交流活動,今年受邀的台灣藝術家何明桂以〈干物女の最終電車〉,在「BankArt Studio NYK」展出。何明桂花了一些時間在橫濱觀察,她的作品回到原始idea本身,大部份使用最簡易的傳統紙筆,而不是運用表象酷炫的數位媒體技術。她從日本電視節目中發現許多奇怪現象,透過詼諧怪誕的方式,表達內心天馬行空的胡思亂想,算是一種可愛有趣的發洩與表達。

「BankArt Studio NYK」這棟橫濱國際藝術村,是利用河邊廢棄的一棟倉庫改建而成,讓來自世界各地的藝術家在此創作交流、展示作品。

此外,為了吸引創意產業進駐橫濱,市府還邀請東京藝術大學映像研究所在另一棟歷史建築──舊富士銀行原址──設立橫濱校區,培育創意影像動畫人才。

台灣藝術家何明桂以〈干物女の最終電車〉,在「BankArt Studio NYK」受邀參加「台北橫濱交換藝術家駐村計畫」的展出。

地域再生

橫濱中華街車站，則是另一個將歷史活用於公共藝術作品的例子。車站大廳以整面白牆轉印140年歷史風華的中華街黑白照片，訴說過往雲煙的老故事。這個車站是建築師伊東豐雄的公共建設作品之一。

此外，橫濱市將橫濱開港紀念館（ジャックJack）、神奈川縣廳（キングKing）、橫濱稅關（クイーンQueen）三棟歷史建築活性化動態保存，並推動橫濱三塔建築散步，提供參觀旅客和市民啟發與學習的機會。

上圖：橫濱三塔之一的橫濱開港紀念館（ジャックJack）。

下圖：位於馬車道上的神奈川縣立歷史博物館，前身是舊橫濱正金銀行本店，是一棟歷史空間活用的建築。

地域再生

3.Publicity x 觀光傳播

專業詳細的觀光旅遊資訊，是橫濱打造「文化映像都市」的靈魂推手。每一個月，旅客都可以在港區未來21線（みなと未來21）沿線車站免費索取豐富的橫濱旅遊情報手冊。這份手冊不僅介紹在橫濱發生的各項精彩活動，同時還提供許多商店的優惠或折價券，例如秋天の橫濱、法國月、中華街美食25、非洲月……等，提昇商圈經濟繁榮。

五月在非洲開發高峰會議期間，在橫濱市營地下鐵沿線車站，推出「一站一國」活動，現場展出各站小學生學習的非洲國家，讓旅客認識非洲各國相關資訊，例如：「湘南台」這站的大門小學校負責介紹盧安達、「戶塚」這站的川井小學校則介紹剛果共和國……等等，是一個寓教於樂的良好示範。

同時，非洲開發高峰會議期間，市政府將山下公園裝飾成「光の藝廊」。代表非洲的紅、綠、黃三種顏色，點亮了橫濱的夜景。同時，爲表示橫濱對非洲糧食不足、環境等問題的關心，還邀請出身神奈川縣的藝人鶴田眞由前往非洲，並擔任活動代言人。

4.Delight x 交通工具

在橫濱如詩如畫的街道風景中散步，不時會發現一台台可愛的Velo觀光Taxi。velo 是從法文 vélo而來，意思是腳踏車。起源於歐洲的人力腳踏計程車，不需消耗能源，沒有汙染，就讓熱情親切的橫濱velo taxi driver帶你自由自在、慢慢欣賞這個美麗城市。

另外，在橫濱主要觀光景點，也有觀念創新的Velib（旅客可以自由使用的腳踏車）。這個字來自法文的Velo（腳踏車，vlos en libre-service的縮寫），加上liberty（自由）。2007年由法國巴黎市長首先發起，10648輛灰色的愛心腳踏車，提供觀光客或居民自由租借，除了能減少汽車汙染，也是很好的休閒運動。橫濱參考巴黎Velib概念，在馬車道、紅磚瓦倉庫及山下公園縣民大樓，設置ハマチャリ（Hama Chari），提供自由租借腳踏車的服務。

建議你下回來到東京旅行時，找一天造訪橫濱吧！

漫步悠閒的山下公園，懶懶地躺在草地上，聞一聞風的味道，望一望遼闊的東京灣，或者愜意地騎著ハマチャリ亂晃亂逛，就算迷路一下也無妨。

182

一延伸閱讀一

横濱市官網 http://www.city.yokohama.jp/front/welcome.html

横濱市觀光事務局 http://www.welcome.city.yokohama.jp/han/index.html

BankArt 1929 Yokohama http://www.bankart1929.com
交通資訊：みなと未來21線「馬車道」站下車‧徒步3分鐘
地址：横濱市中區本町6丁目50番1号
電話：045-663-2812

横濱赤レンガ倉庫 http://www.yokohama-akarenga.jp/
交通資訊：みなと未來21線「馬車道」站下車‧徒步6分鐘
地址：横濱市中區新港1丁目1番
電話：045-211-1515

《未來社會の設計——横濱の環境空間計画を考える》，北沢猛，BankArt，1929出版

《小城再起——創造型都市大翻身》，天下雜誌，2008年1月30日

緩慢美學・直島的力量

なおしま

第一次親眼看見水母，在瀨戶內海的這個小島上。

蔚藍的海洋，大朵大朵的水母在海面下一擴一縮地飄浮，隨波搖曳，點綴著美麗白色薄紗。我站在香川縣宇野港的渡輪舺板上，前往直島的途中。

出發前，我和久子說了兩次地名，但她聽都沒聽過，只說了記得帶防曬油。

直島（なおしま），四國高松北方的一處荒僻小島。

這個連很多日本人並不一定知道在哪裡的直島，其實過去有一段讓人心痛的歷史。直島，曾經因冶銅汙染而荒廢多年，乏人問津，經濟蕭條。本島面積大約只有8.13平方公里，目前全島總共也不過大約3,600人。

1987年，日本ベネセ（Benesse）企業會長福武總一郎，邀請建築師安藤忠雄前往直島瞰察。安藤在一場演講中回憶第一次拜訪直島，因為環境汙染，植物無法生長，當時他心想：「這是甚麼地方？怎麼甚麼草都長不起來？」不過，他卻被福島先生的理想深深打動。

地域再生

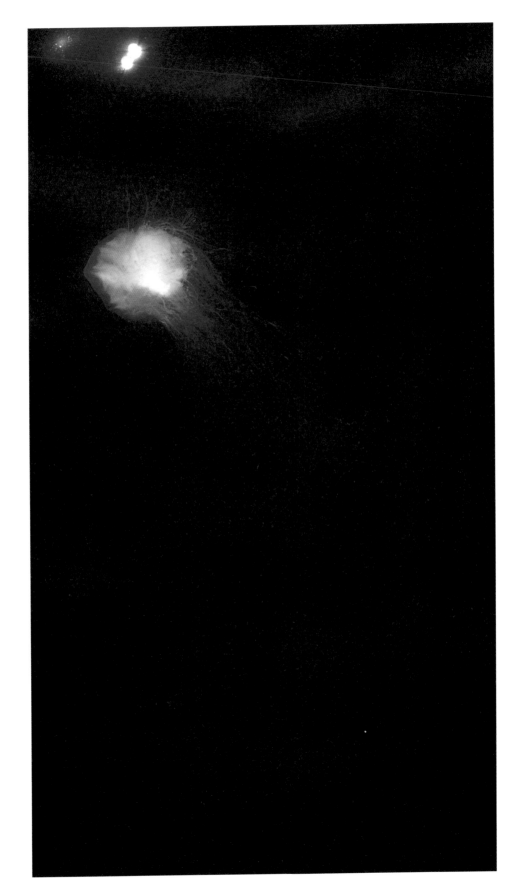

緩慢美學・直島的力量

Benesse一語出自於拉丁語中的bene（美好）和esse（生活），代表積極追求美好生活的企業理念。

「よく生きるを考える場所」，這是福武會長的一個夢想，一個信念。

寧靜美麗的直島，讓旅客遠離喧囂，靜下來，思考「好好過生活」的一個地方。

安藤忠雄與福武總一郎，因為「相信」，堅持20年的耐心和熱情，將現代藝術與建築結合，呈現前所未見的公共藝術實驗。在這裡，大自然是世界藝術家的舞台佈景，一望無垠的瀨戶內海上，蘊育著動人的緩慢美學。

相信就會有希望，相信就會有力量。

1992年「ベネセハウス」（Benesse House）完成，旅店與藝術進行奇妙的光合作用；1998年的「家プロジェクト」（Art House Project），邀集來自世界的藝術家將直島舊民家改建設計；2001年，推出直島十周年藝術展「スタンダード」（The Standard Exhibition）；2004年，地中美術館開始對世界發聲，直到現在，這個「直島再生藝術計劃」依然持續進行演化中。

藍天白雲，波光粼粼，渡輪漸漸駛近直島岸邊，一個偌大的草間彌生創作——南瓜，在對岸迎接每一個來訪旅客。

海岸石台上一顆孤伶伶、帶著黑斑點的黃色大南瓜，以遼闊簡單的海天大畫布做背景，可以抱一抱，可以靠一靠，也可以玩一玩。

看到這個奇幻大南瓜，旅人應該可以感受到一段奇遇遊記，即將啓程。

地域再生

現年78歲的藝術家草間彌生，長期為精神疾病所苦，她畫畫、雕刻，也寫小說。大約十歲的時候，依照自己所見到的幻覺，開始她最著名的圓點（Polka dots）創作和網狀造形（net-like forms）。據說在二次大戰期間，糧食缺乏，南瓜成為日本主要食物，因此日本人對南瓜有特別的感情。或許在草間彌生創造的另一個南瓜世界中，靈魂的自由飛翔成為一種可能。

搭乘可愛的社區小巴士，向山中前行，旅途上會停靠幾個小站，每一站都有公共藝術創作，在室內、在海邊、在山坡、在草坪，或者在人行步道的一隅。

山坡上三片平行的正方形不鏽鋼板，表面作不規則的磨砂紋處理，都只以尖端的一角立在土地上，在忽強忽弱的海風吹拂下，鋼板也隨風擺動著，這是來自聖露西亞島的藝術家Ricky George的作品〈三枚正方形〉。

設計師大竹伸朗有兩個作品，由於展示於沙灘上，他以擱淺的船作為主題。一個是〈被切斷的船首〉，沙灘上斜插著只露出一小部份類似船身的邊緣結構，而外緣是被折成兩段的船緣，吸引路人思考著到底是什麼意義。另一個是〈船尾和洞〉，有點像傳統電視機的後背機殼，但被挖成大小不一的圓洞，形成鏤空狀，其實這是被斷折豎立起來的船尾底部，可愛的圓網洞讓人好奇。

美國的雕塑家Walter De Maria的作品〈Seen/Unseen Known/Unknown〉，嵌在一座親水混凝土基台內。兩顆磨得光亮的黑色花崗岩球體，光亮的球面反映著戶外瀨戶內海的景色，就像瞭望著瀨戶內海的一對黑眼球。

草地上一位穿著滿是補丁的西裝的黑先生，坐在貼滿碎鏡子的長椅上，正在優閒地閱讀書報，旁邊一隻藍白色的小山羊陪著他。這是法國的藝術家Niki de Saint Phalle的作品〈Le Banc〉，意思是「長椅」。鮮豔花俏的色彩，又有個小空位，總會吸引路人也一起坐著合照，順便探頭過去了解到底在看什麼書報內容？仔細看一看，仍是天書一本！

片瀨和夫的〈Drink a Cup of Tea〉有如戰國城堡的地基，用石塊堆起四方形的小小基台，平台的角落立著一顆青黑色的半球體，只以圓球底的一個點接觸石板，形成簡單的幾何構圖線條。由於立在平台一角，讓人有種潛意識地耽心，會不會風一吹就把這茶杯吹滾到地上草堆裡了。

社區巴士車站旁立了個紀念石碑，中間有顆按紐，按下去會開始播放一首歌。路過的小朋友總會好奇地一按，然後就聽見大夥開心地跟著哼唱著。這是一首昭和老歌〈おやじの海〉（父親的海洋）。歌曲內容是描述戰敗後，在艱困貧窮中成長的世代，對漁夫父親養育辛勞所作的感性抒發。

這首歌曾獲得日本作詞大賞，是由兩位在三菱材料直島製錬所工作的同事創作：直島出身的佐義達雄作詞作曲，秋田出身的村木賢吉演唱。由於這首歌風靡全日本，因此詞曲創作者的老家——直島，就成了這首歌的孕育之地。在此立碑紀念，實在很有意思。

海邊的一座小旅館Benesse House，與世隔絕，臨風而立，僅僅只有兩層樓高。
基部清水混凝土牆，呈現安藤建築的簡單執著，房子本體以橫木建造，八個房間
的陽台落地窗都面海，沒有電視，沒有網路，斜斜地延伸屋簷，旅客可以放輕鬆
看一看寧靜美好的瀨戶內海。

從一樓餐廳或二樓美術館走出去，可以到達Benesse House的另一海邊。這裡是
個廣闊的望海平台，兩側隨著山勢而立，外牆由高而低。沿著側牆的樓梯由二樓
緩緩步下一樓，牆上展示著黑白漸層影像，像是若隱若現的大海，予人無限想
像。

望海平台的視野令人著迷，大海的味道，自然的氣息，輕輕柔柔地流動著，靜靜
喚醒沉睡的每一個細胞。

遠方大灣交織著近處的小灣，大灣細長，眼前的小灣映照著天光雲影、深淺不一
的碧色山巒，在海面上交疊。海上浮著遠近兩座小島，輕薄的海霧使得較遠的島
嶼有些朦朧，像是海中的小富士山；較近的小島和小海灣以防波堤連接，作為往
來船舶停靠的港岸。

走進美術館內，整面落地窗外是一個天井，三面環繞著清水混凝牆，石地上放置兩顆柔和圓潤的白色大理石雕刻，簡單的材質和線條，讓人思緒沈澱身心舒緩，靜下來仔細觀看，可以發現石材的紋理。

抬頭仰望空中一方天井，藍天白雲就如畫框中的風景，好似一幅移動的水彩畫，這是旅居義大利的雕刻家安田侃的作品——〈天秘〉。

安藤忠雄的清水混凝土牆在建造成形時，往往會留下固定模板的孔和模板相接的痕跡，這裡刻意留下一道橫條的細縫，增加建築物的線條感。藝術家須田悅弘在一道圓弧的牆面上的細縫間，設計這個逼真的藝術創作──〈雜草〉，讓人以為這牆縫間竟長出小小的綠葉植物。不過仔細想想，這裡沒有漏水，沒有潮濕水漬，也沒有青苔塵土，怎會平空長出綠葉小草？原來這也是藝術家的創意之一。

繼續搭小巴士至終點站，就是地中美術館。

進入美術館內，斜向建造的牆面設計、動線的迴轉彎延，並不完全照著東西南北直角四象限的定向方式，及上下一層層的定位。蓋在地中的美術館，抬頭向外環顧外觀完全看不到外圍的景物，只見到眼前的天井視野中露出的天空，因此在館中轉兩個彎後就會喪失方向感，與外面世界的方位感失去連結。

安藤忠雄希望旅人能在此卸下都市的煩心俗事，走進地中美術館，重新想像美術館的美麗可能。

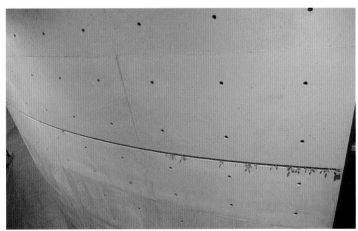

在Open Sky歇息一下，仰望著天空，隨著白雲與微風的流動，自然的大畫布也隨之千變萬化。資訊負荷超載的人們，常常需要減法，才能排除干擾，看見純淨。

船隻緩緩穿梭著，靜靜坐下來，聆聽瀨戶內海的緩慢美學——A moment of repose。

—
延
伸
閱
讀
—

ベネセ http://www.benesse.co.jp/
草間彌生官網 http://www.yayoi-kusama.jp/e/biography/index.html
Benesse Art Site直島 http://www.naoshima-is.co.jp/
交通資訊：JR「岡山」站下車・轉乘宇野線「宇野」站，徒步5分鐘，
「宇野港」轉搭四國汽船フェリ直島「宮の浦港」
地址：四國香川県香川郡直島町琴弾地
電話：087-892-2030

淡路島・夢舞台

あわじしま

不知爲了甚麼，這一夜我無法入睡。

走到陽台邊，坐在屋外涼椅上，吹吹風，打開iPod，聽著平井堅溫柔的吟唱：

見上げてごらん　夜の星を
小さな星の　小さな光が
ささやかな幸せを　うたってる

這是《Ken's Bar》這張專輯裡的一首老歌，原唱者是日本已故歌手坂本九，透過錄影對唱，平井堅在紅白歌唱大賽中，獻上日本歌壇對坂本九的敬意，跨越時空與坂本九合唱這首〈仰望星空〉。

請你仰望星空，看看夜晚的星星
小小的星星，小小的光芒，彷彿吟唱著小小的幸福。

坂本九是日本的歌壇的傳奇人物，外型純樸，歌聲嘹亮，在昭和時期以一首〈上の向いて　歩こう〉（昂首向前行），打進美國流行樂壇，在60年代連續四周榮登Billboard排行榜第一名，到目前爲止，還沒有任何亞洲歌手能超越這個記錄。

不過，他卻在44歲那年於一場空難中意外喪生。

世事難料，活在當下，人生也許就比較不會有遺憾。

1995年1月7日清晨 5點46分，日本發生芮氏規模7.2級的阪神大地震，震央就在今夜輾轉難眠的北淡路島。

一個幾乎全黑的淡路島夜裡，我彷彿聽見大阪灣的心跳。

1964年，日本政府為了填海興建大阪關西機場，大量探挖淡路島的砂石，這裡變成一座寸草不生的禿島。1990年「兵庫2001計畫」，淡路島的公園復育構想，在這場阪神大地震後，由出身大阪的建築師安藤忠雄，注入心靈重生的謙卑反思。

從舞子前往淡路島，跨越歷時10年建造的明石海峽大橋──世界上最長的吊橋，全長3911公尺。十分鐘左右的車程之後，夢舞台就在前方。

一彎細細的礫石走道，沿著淺淺的水池，鋪滿100萬片白色的扇貝，藍天、青山、白色的池水，在陽光下形成明亮的對比，這裡是「貝之濱」。流瀉而下的水瀑來自山坡上一大階一大階的水流，淙淙聲不絕於耳。一條細直步道橫跨水池，彷彿獨自佇立在廣闊的水中央。

橢圓形的清水混凝土建築體，切割出幾個方形結構，「海迴廊」與「山迴廊」光影映照，空間交錯，動線盤旋，這是一個讓旅人流連忘返的水舞台。

順著石階上行，一方水景階梯瀑布，川流不息。依著山坡的「百段苑」，是用來弔念阪神大地震的紀念花壇：100個小正方形花圃，每一方格內各有一種花種，種成田字。當花季來臨時，各色花朵百花齊放，這一片花梯田，欣欣向榮。安藤期望以大自然重生的綠意盎然，撫慰災後受傷的心靈，繼續勇敢地走下去。

人們穿梭在花田間上下左右地遊走，登上展望台的天空步道上，可以一覽大阪灣廣闊的風景，藍天、浮雲、水景，以及集眾人之力一起復育的300萬株森林。

走入夢舞台，一只高椅背木椅在「海之教會」入口迎接造訪的人們。下寬上窄的梯形空間，仰頭凝望從天而降光的十字，原來方才在戶外的一道磨砂玻璃十字，就是這間教堂的屋頂光源。沐浴在和煦陽光下的清水混凝土建築，伴隨著十字的光，讓人感受到溫暖寧靜。

夢舞台的左方，是我這次來參加的活動地點——國際會議場。

趁著會議的休息空檔，緩步登上頂樓的冥想空間，透透氣曬曬太陽，由地上微微隆起的磁磚排列，可以很容易地找到這圓形空間的正中心點。站在中心大喊一聲，聲波會打在周圍的玻璃和清水牆上，再反射回來，可以清楚聽到自己的回音。

這個冥想空間的瓦片排列必須以環狀的屋脊為中心，向兩側環排成輻射狀，向外的輻射越來越寬，向內的輻射越來越窄，也因此環頂做成上下二層，讓瓦片的排列線條有所緩衝，不會讓外環瓦柱空隙越排越大到失序，內環也不至於過於擠迫。

站在每個角度，都可以清楚地仰望天空。我注視著圓形光影，不由得看得出神。

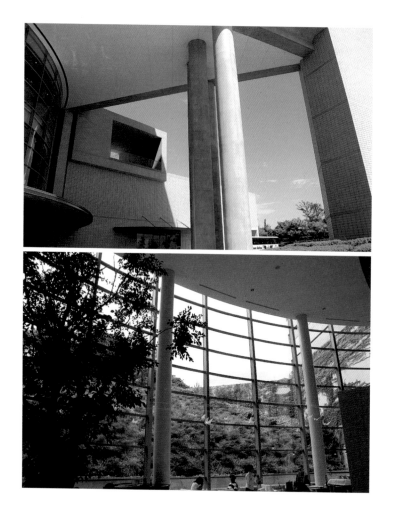

Westin飯店的二樓，大量光線透過落地窗灑進室內，明亮溫馨。最吸引人的是幾張紅椅子，像長在地上的五朵紅百合，六片花瓣中的一片設計成一瓣花葉，等待著人們上去坐坐看，而其他花瓣恰如其分地扮演成椅背、扶手、椅腳，巧思獨具。花瓶小圓桌中央插著的一朵玫瑰，成為醒目優雅的小小點綴。每個到此的遊客總忍不住要在椅子上坐一坐，拍照留念。

藝廊展示著淡路島夢舞台的歷史，看著30年長期砂土開採的淡路島，岩盤露出，慘不忍睹。此時卻意外發現一張安藤騎著機車、頭戴安全帽，穿梭工地間的黑白照片，可以想像當時安藤急忙從國外趕回來，參與重建復育的點點滴滴。

地域再生

除了知名的淡路花博之外，不妨也去淡路景觀園藝學校走一走。這是日本第一所將建築和園藝設計有機結合的學校，搭乘淡路島「花巴士」即可抵達座落於山坡的美麗校園。

淡路景觀園藝學校的水源來自山泉，流水景觀設計也很有禪意，淙淙流水順著山坡設計蜿蜒，最終流入大阪灣。面積1200平方公尺的五感體驗庭園，有立體花圃、坐用花圃及五感園藝治療活動區，設計了觸覺花圃、色彩花圃、音聲花圃、芳香味覺花圃等，讓年老者或身障民眾也可以體驗園藝治療課程。

傾聽微風吹拂植物葉子的聲音，坐在風の詩Café，嚐嚐淡路島田舍料理，這是忙碌城市人心靈的避暑勝地。

都市的夜晚，窗外是一排排路燈和車子飛馳而過的聲音；而淡路島的夜裡，一片漆黑，沒有夜景。我坐在陽台上，聽著窗外海浪聲，遠遠的對岸，亮著細細的光影，今晚，我會記得和自己的心靈對話。

明早，我想迎接大阪灣的日出，看山、聽海，謙卑地閱讀淡路島生生不息的旅程。

地域再生

―延伸閱讀―

淡路島・夢舞台 http://www.yumebutai.co.jp/
交通資訊：JR「舞子」站下車，轉乘巴士即可抵達淡路島
地址：兵庫縣淡路市夢舞台1番地
電話：0799-74-1000

淡路景觀園藝學校 http://www.awaji.ac.jp/

說到自然蔬食，總是讓我有一種很愉快的心情。

週末，我喜歡收看朝日電視台的美食節目「二人の食卓」（二個人的餐桌），挑些愛吃的新鮮旬菜，在家自己做創意混搭的和風沙拉，搭配健康的十穀米飯。住在中目黑的時候，巷口山本爺爺的手作豆腐也是我愛買的食材之一。尤其剛來日本那一年，站在日式醬汁的超市專櫃區時，總是眼花撩亂，研究很久，每一瓶都愛不釋手。

這些五花八門的和風醬料，我最愛的就是柚子ぽん酢。

櫻花飛舞的春筍筑前煮、盛夏的炊き込み御飯、深秋楓紅的舞茸湯葉、寒冷冬夜暖呼呼的石狩鍋和水炊春菊，只要淋上柚子ぽん酢，酸酸甜甜的滋味，立刻讓我食指大動。

最後，泡一杯溫潤的柿葉茶，清香撲鼻且含有豐富維他命C，搭配一串白玉團子，畫上甜美的句點。

這次九州見學之旅，發現「野の葡萄」食彩健美餐廳，不僅滿足了味蕾，當然也感謝在地農家地產地銷旬鮮野菜，可以讓我們享用這麼健康美味的自然食材。

空氣清新，溫泉美食，山湖美景，位於九州的由布院，是日本OL票選最喜愛的度假景點第一名。

微涼初秋，一想到可以自在悠閒地泡湯，就覺得溫暖又幸福！

搭乘「由布院の森」觀光列車，大片落地玻璃的餐車，不僅可以一邊用餐，一邊欣賞車外田園風光，還有留言簿可以分享旅客搭乘心情，真是服務周到。2小時10分鐘後，列車準時抵達由布院溫泉（ゆふいん）。位在有豐後富士之稱、海拔1,584公尺的由布岳山腳下，由布院車站是晃遊小山城最佳浪漫起點。

在月台上走走看看，就在鐵道旁，三五旅人靜靜坐在月台上木椅，圍著一方溫水淺池泡腳，浮生半日閒，讓旅程放鬆歇息一下。

這個車站是由出身大分縣的建築師磯崎新所設計的，車站本身就是一座歷史建築。建造於大正14年的車站，1990年改建完工正式啟用，除了保留原始建物風貌之外，也細緻規劃別出心裁的創意設計：

駅足湯

在車站月台上，貼心設置駅足湯，在此舒緩一下雙腳，欣賞電車移動的風景，也別有趣味。

駅藝廊

候車室設計成為一座駅藝廊，旅客在此休息等待時，可以欣賞在地藝術家的作品。

駅馬車

車站不只有服務親切的觀光案內所，還有觀光馬車，達達馬蹄聲，帶你一覽小鎮風光。

迎著朝霧，沿著小溪兩條細流的交會處，在安靜的小山城遊走，青綠蒼蒼的由布岳就正好在匯流的遠方佇立。

從車站走來，順著小溪散步在「湯の坪」，沿途有許多特色小店、美術館、田舍料理，可以讓人流連忘返一整天。寬廣的森林步道，伴隨著鳥叫蟲鳴聲，走著走著，過了螢觀橋，金鱗湖就在眼前。

由布院有850多個泉眼，其中之一的金鱗湖最為特別，湖底有溫熱泉水和清涼地下水同時湧出，是由布院代表性的溫泉之一。秋天到春天之際，氣溫因為湖水溫度與氣溫的溫差不同，金鱗湖畔會昇起一片霧氣。

秋天紅葉、微亮晨曦之際，整個小山城都籠罩在夢幻的薄霧之中，曾引發許多文人墨客歌頌由布院的清麗景色，提筆抒發心中感受。

過了由布見拱橋，由布院美術館就在大分川旁依山而立。

美術館四合院的構造佔地並不大，具有溫馨自在、優游從容的田園民家風格。這裡展示著放浪詩人及畫家佐藤溪的作品。精緻的筒屋茶店隱身在一旁樹蔭下，我坐在畫室裡讀著佐藤溪的詩，想像當年的他眷戀由布院的心情故事。

美術館入口，以竹棚搭建的透明霧面波浪板，不刺眼的自然採光暖暖灑在長廊，中央庭院裡的圓桌木椅，呈現非常休閒的九州南島風格。

作品展覽館小巧別緻，藍綠色木板牆頂著灰瓦，垂柳靜靜地倚在窗外，一派典雅的日式家屋。開放的大片窗戶，視野遼闊，由近而遠、由大而小的窗框，如同裱背，一層層地把作品小心翼翼地框起來。

戶外放置了一個懷舊的紅圓柱造型郵筒。好奇走上二樓瞧瞧，原來是鼓勵旅人在此手繪明信片，畫完後可以立刻投遞到戶外的郵筒。我們用良心投幣的方式購買了一張100日圓空白明信片，坐在木椅上畫下由布院動人的景緻，投遞在庭院的懷舊郵筒，把祝福寄給遠方的友人。

地域再生

左圖：由布院美術館的二樓畫室外，有一個小山丘，可以從這裡俯瞰全館風景。

長桌上貼心地準備了畫具，不論是三五好友或者是一家人，都可以俯瞰全館風景，悠閒地畫畫、寫作。窗簷上擺放許多小小的超可愛玩具郵筒，一瞬間，彷彿回到童年的歡樂時光。

步出美術館，一對老夫婦隨興地坐在門前台階上，美景當前，索性就拿起畫紙與繪筆，面對著青山流水開心作畫起來。

仔細想一想，為什麼每年超過400萬人次的觀光客造訪由布院這個小鎮？

回溯發展歷史的地域再生運動，也許可以給我們一些啟發。

昭和時期，日本國民旅遊市場大幅增加，別府、熱海這些溫泉旅遊地點觀光活動非常蓬勃，同樣位於大分縣的由布院卻只能望之興嘆，無法吸引大量人潮造訪。

不過，由布院並沒有輕言放棄，並且自動發起兩次重要的社區運動。

第一次發生在昭和27年（1952年），原本社區計畫要在金鱗湖興建水壩，不僅想藉以吸引觀光人潮，同時可以為地方爭取興建水壩的補償金。但是，這個構想被社區青年團反對，當時的青年團長、同時也是醫師的岩男穎一，只有36歲，他號召社區年輕人共同推動由居民一起參與的由布院社區運動。

後來，岩男穎一在昭和30年（1955年）當選改制後的湯布院町長，他提出「產業、溫泉與自然山野」三者融合計畫，主張珍惜祖先流傳下來的生活方式及自然環境，同時也獲得其他經營旅館的青年協助，其中二位就是玉の湯的溝口薰平和龜の井別莊的中古健太郎，他們都是塑造由布院獨特風格的重要幕後推手。

昭和45年（1970年），他們還一起組團前往歐洲見學研修，借鏡歐洲的農業協同組合，並參考當時西德的溫泉保護構想，發起了「由布院的未來思考研究會」的社區組織。

溝口先生曾在博物館工作，中古先生則曾在東寶擔任電影導演，這些人生經歷，讓湯布院增添了濃濃的藝術人文風味。這裡美術館都不大，卻都很有特色。例如：傳統創意手作民藝工房，以音樂為主題的空想之森美術館Artegio、由布院彩繪玻璃美術館……等等。

左圖：曾經擔任導演的中古健太郎在由布院經營的龜の井別莊。

第二次社區運動，則是在昭和45年（1970年），阻擋了財團在此興建高爾夫球場的構想。溝口當時擔任環境廳的自然公園指導員。另外，為了保留傳統農村的樣貌，一直到現在，由布院都規定當地建築不能超過5層樓的高度，以免破壞整體市容景觀。

這些當年的堅持和努力，由布院地域再生，生活變成商機，絡繹不絕的觀光人潮，也帶來豐收的經濟價值。

山莊無量塔B-speak Café的Pロール簡單的海綿蛋糕口味，讓人吮指難忘；玉の湯的料理達人辰巳芳子快樂的在店裡忙著招呼客人；手作的果醬工房，每天門外都大排長龍，等著品嚐新鮮的蘋果、酒釀葡萄果醬……這個小山城點點滴滴，正等著你下次造訪，發現不同角落的由布院味道。

現在，想一想你的家鄉，有沒有甚麼可以挽起衣袖、熱血一搏的觀光酷點子？

—延伸閱讀—

由布院觀光協會 http://www.yufuin.gr.jp/
交通資訊：JR「博多」站下車，轉乘「由布院の森」號即可抵達由布院車站
地址：大分県由布市湯布院町川上2863番地
電話：09-77-8564

由布院美術館 http://www.coara.or.jp/~yufuin96/

日本‧美の遠足/蒼井夏樹著.——初版.——臺北市：
大塊文化，2008.08 面；公分.——（tone；18）

ISBN 978-986-213-073-5（平裝）

1.日本美學　　2.生活美學　　3.設計

180　　　　　　　97012806

LOCUS

LOCUS

LOCUS

LOCUS